英語の文型
文型がわかれば、英語がわかる

開拓社
言語・文化選書
5

英語の文型
文型がわかれば、英語がわかる

安藤貞雄 著

開拓社

まえがき

いまから 30 年も前，大塚高信博士は，『英文法論考』，『英語学論考』，*Studies in Early Modern English*，『書誌学への道』ほか多数の英語学の研究書を世に送ったあとの晩年の私信の中で，「目下，英語の文型に思いを潜めています。文型は，英文法研究のアルファであり，オメガであると考えています」という旨の感想を漏らされたことがある。

中島文雄博士も，言語理論，意味論，文体論，英語史など広範な英語学研究を経て，『英文法の体系』や『英語の構造』を上梓された。これらは，まさしく英語文型論のお仕事であった。

デンマークの言語学者・英語学者のオットー・イェスペルセンも，『言語』，『文法の原理』，『近代英語文法』などの大著を公刊したあと，最後の力作 (swan song) として『分析的統語論』を世に送ったのであった。この著作は，英語文型論にほかならない。

これら 3 人の碩学は，多年にわたる英語学研究の総決算として，英語の全体像を俯瞰する文型論を提示されたのだと思われる。

浅学菲才な筆者も（上記の高名な先覚と競うつもりなど毛頭なしに），自分の考える英語文型論の素描を過去 3 回，世に問うている。すなわち，1978 年の「5 文型とその問題点」，1983 年の「基本文型」，2005 年の「文型」である。今回脱稿した本書は，筆者の英語文型論の決定版であり，「文型は英文法研究のアルファであり，オメガである」，「文型がわかれば，英語がわかる」という思いをこめて，全力投球で書き下ろしたものである。

本書の特徴を三つだけ挙げるなら，次のとおりである。

① 英語の文型を網羅するように留意したこと
② 基本文型のみならず，何らかの変形を受けた文型も，「派生文型」として記述・説明したこと
③ 筆者のどの著作でも同様だが，単に英語の実態を記述するだけでなく，常に「なぜ」そうであるのかを説明しようと努めたこと

本書では，例文の出典はいちいち挙げることをしなかったが，非常に珍しい例の場合は，その存在を証明するものとして典拠を明らかにした。

Last but not least，このたびも友人の中川憲氏は，校正刷りに緻密な目を通して，貴重なコメントの数々を与えられ，編集課の川田賢氏は，綿密なコピー・エディティングを担当してくださった。お二方に心からお礼を申しあげるのは，筆者の愉しい義務である。

2007年10月
　　金木犀の香る日

　　　　　　　　　　　　　　　　　　　　安藤　貞雄

目　　次

まえがき　*v*
略語表　*x*

I　序　論

1　文型とは何か ……………………………………………… *3*
　1.1.　文型と動詞型　*3*
　1.2.　構造型の文型：動詞型　*4*

2　機能型の文型 ……………………………………………… *9*
　2.1.　5 文型　*9*
　2.2.　7 文型　*10*
　2.3.　8 文型　*12*

II　基本文型

3　SV 型 ……………………………………………………… *17*
　3.1.　1 項動詞　*17*
　3.2.　節形式の主語　*19*

4　SVA 型 …………………………………………………… *21*
　4.1.　2 項動詞　*21*
　4.2.　中間態動詞　*26*

5　SVC 型 …………………………………………………… *29*
　5.1.　be 型動詞　*30*
　5.2.　become 型動詞　*34*

6　SVCA 型 ………………………………………… *36*
6.1.　2 項形容詞　*36*
6.2.　A が that 節の場合　*37*

7　SVO 型 …………………………………………… *41*
7.1.　2 項動詞　*41*
7.2.　中間動詞　*44*
7.3.　再帰目的語　*45*
7.4.　動名詞を目的語としてとる動詞　*46*
7.5.　to 不定詞を目的語としてとる動詞　*47*
7.6.　動名詞と to 不定詞の両方をとる動詞　*49*
7.7.　同族目的語　*52*
7.8.　動詞不変化詞結合　*54*
7.9.　節形式の目的語　*62*
7.10.　前置詞付き動詞の目的語節（SVA 型）　*64*

8　SVOO 型 ………………………………………… *68*
8.1.　give 型動詞と buy 型動詞　*68*
8.2.　節形式の直接目的語　*72*
8.3.　その他の SVOO 型　*74*
8.4.　Mary gave John a kiss. のタイプ　*75*
8.5.　They dismissed him the society. のタイプ　*77*
8.6.　二重直接目的語　*78*

9　SVOA 型 ………………………………………… *79*
9.1.　3 項動詞　*79*
9.2.　give 型動詞と buy 型動詞　*80*
9.3.　移動動詞　*83*
9.4.　告知動詞　*84*
9.5.　種々の前置詞句の例　*86*
9.6.　重い目的語の外置　*87*
9.7.　A が目的を表す to 不定詞節の場合　*89*

10 いわゆる SVOC 型 ……………………………… 90

10.1. 典型的な SVOC 型 *90*
10.2. 「目的語＋非定形動詞」の構造 *94*
10.3. want タイプ (SVO 型) *99*
10.4. 思考動詞 (SVO 型) *104*
10.5. 知覚動詞 (SVO 型) *107*
10.6. 使役動詞 (SVO 型) *116*
10.7. 任命・命名動詞 (SVO 型) *126*
10.8. 宣言動詞 (SVO 型) *129*
10.9. "手段動詞" (SVO 型) *130*
10.10. force タイプ (SVOC 型) *134*
10.11. I advised her to see a doctor. のタイプ (SVOO 型) *140*

11 基本文型のまとめ ……………………………… 146

III 派生文型

12 tough 構文 ……………………………… 151

12.1. He's easy to please. のタイプ *151*
12.2. This problem is too difficult to solve. の構文 *157*

13 代換変形による構文 ……………………………… 161

13.1. 供給動詞 *161*
13.2. 所格交代構文 *162*

14 名詞句移動による構文 ……………………………… 164

14.1. 受動化 *164*
14.2. 繰り上げ構文 *166*

15 there 構文 ……………………………… 171

15.1. 従来の研究 *171*
15.2. there 構文の派生 *174*

   15.3. 提示文と叙述文　*179*

16　混交による派生文 … *183*
   16.1. This is Harry speaking. のタイプ　*184*
   16.2. It was I did it! のタイプ　*185*
   16.3. John sat there smoking a pipe. のタイプ　*185*
   16.4. John left the room angry. のタイプ　*186*
   16.5. That's the only thing they do is fight. のタイプ　*187*
   16.6. I'm tired is all. のタイプ　*188*

引用文献 … *191*

索　引 … *195*

略語表

A = obligatory adverbial（義務的な副詞語句）
AP = adjective phrase（形容詞句）
C = complement（補語／補部）
M = modifier（修飾語）
NP = noun phrase（名詞句）
O = object（目的語）
PP = prepositional phrase（前置詞句）
S = subject（主語）; sentence（文）
V = verb（動詞）
VP = verb phrase（動詞句）
XP = 任意の句
ϕ = ゼロ記号

I

序　論

1　文型とは何か

1.1.　文型と動詞型

　一般に，"文型"(sentence type) と言うとき，二つの種類がある。一つは，Onions (1904) に始まり，細江逸紀博士の著作によって，広くこの国の学習文法に浸透していったと考えられる5文型と，もう一つは，Palmer (1938) が唱導し，Hornby (1975) が発展させた動詞型 (verb pattern) である。5文型は，文の要素の**機能** (function) を考えているのに対して，動詞型はその**構造** (structure) を考えているのである。

　次の五つの文は，5文型ではいずれもSVO型である。

(1) a.　We all had a good time.
　　　　（私たちはみんな楽しんだ）

　　b.　I couldn't help laughing.
　　　　（私は笑わずにはいられなかった）

　　c.　Do you know how to do it?
　　　　（その仕方を知っていますか）

　　d.　Do you think it will rain?
　　　　（雨が降ると思いますか）

  e. I don't know who she is.

   （彼女がだれだか知らない）

これに対して，動詞型では，次のように，目的語の構造ごとに異なる型を設定しなければならない。

(2) a. noun / pronoun
  b. gerund (phrase)
  c. interrogative adverb + *to*-infinitive (phrase)
  d. *that*-clause
  e. dependent clause / question

機能型の文型と構造型の動詞型のどちらがすぐれているかは，目的によって異なる。機能型の文型は，英語に生起する無限の文を五つの型に還元している点で，中学・高校の生徒に基本文型の概念をたたき込むのに適している。一方，構造型の文型は，大学生などが英文を書く場合に高い実用性を発揮する。

ただし，認知心理学の創始者の一人 George A. Miller の言うように，人間の情報処理能力の限界は，"魔法の数字 (magical number) 7" ±2 であるとするなら，25 の動詞型（しかも，それぞれは，さらに下位区分されている）は，残念ながら，はるかにその限界を超えていると言わなければならない。

1.2.　構造型の文型：動詞型

機能型の文型を記述する前に，動詞型の最も進化したと思われる *Oxford Advanced Learner's Dictionary* (OALD[7], 2005) の

認める 20 の動詞型を見ておきたい（例文は，差し替えたり増やしたりしている）。

自動詞

① [V]　動詞が単独で用いられる
A large dog **appeared**.
（大きな犬が現れた）

② [V + adv./prep.]　動詞＋副詞／前置詞句
Please **sit** *down*.
（どうぞおすわりください）
I**'m going** *to bed*.
（そろそろ寝ます）

他動詞

③ [VN]　動詞＋名詞句
John **kicked** *the ball*.
（ジョンはボールをけった）

④ [VN + adv./prep.]　動詞＋名詞句＋副詞／前置詞句
Could you **drive** *me* home?
（家まで乗せていただけますか）
He **kicked** *the ball* into the net.
（彼はネットにボールをけり込んだ）

目的語を二つとる他動詞

⑤ [VNN]　動詞＋名詞句＋名詞句
I **gave** *Sue* the book.

（私はスーにその本を与えた）

He's always **buying** *me* presents.

（彼はいつもプレゼントを買ってくれる）

連結動詞 (linking verbs)

⑥ [V-ADJ]　動詞-形容詞

His voice **sounded** *hoarse*.

（彼の声はしゃがれて聞こえた）

⑦ [V-N]　動詞-名詞句

Elena **became** *a doctor*.

（エレナは医者になった）

⑧ [VN-ADJ]　動詞＋名詞句-形容詞

Della **considers** herself lucky.

（デラは自分は果報者だと考えている）

⑨ [VN-N]　動詞＋名詞句-名詞句

They **elected** *him* president.

（みんなは彼を社長に選んだ）

節または句とともにも用いられる動詞

⑩ [V that] [V (that)]　動詞＋(*that*) 節（安藤注：前者は格式体の動詞で，that を省略できない）

I **regret** *that* I am unable to accept your kind invitation.　（残念ながら，ご親切なお招きに応じられません）

He **said** (*that*) he would walk.

（私は歩きます，と彼は言った）

⑪ [VN that] [VN (that)]　動詞＋名詞句＋(*that*) 節

Can you **remind** *me* that I need to buy some milk?

(牛乳を買う必要があることを注意してくれないか)

They **told** *us* (that) they're not coming.

(彼らは来ない, と言ってきた)

⑫ [V **wh-**]　動詞 + *wh* 節

I **wonder** *what* her name is.

(彼女の名前は, 何というのだろう)

⑬ [V N **wh-**]　動詞 + 名詞句 + *wh* 節

I **asked** *him* where the hall was.

(ホールはどこにありますか, と彼に尋ねた)

⑭ [V **to**]　動詞 + to 不定詞

I **want** *to leave* now.

(もう帰りたいと思います)

⑮ [VN **to**]　動詞 + 名詞句 + to 不定詞

I **forced** *him* to go with me.

(私はむりやり彼を同伴させた)

⑯ [VN inf]　動詞 + 名詞句 + to なし不定詞

Did you **hear** *the phone* ring?

(電話が鳴るのが聞こえましたか)

⑰ [V **-ing**]　動詞 + -ing 句

She never **stops** *talking*.

(彼女は絶対におしゃべりをやめない)

⑱ [VN **-ing**]　動詞 + 名詞句 + -ing 句

His comments **set** *me* thinking.

(彼にコメントされて, 私は考えはじめた)

動詞＋被伝達文

⑲ [V speech]　動詞＋被伝達文
'*It's snowing*,' she **said**.
(「雪が降っている」と彼女が言った)

⑳ [VN speech]　動詞＋名詞句＋被伝達文
'Tom's coming too,' she **told** *him*.
(「トムも来ます」と彼女は彼に言った)

以上が，OALD[7]の認める構造的視点から見た20の動詞型である。この動詞型では，表層の形のみを問題にする。その限界として，たとえば，⑪の二つの文は，どちらも that 節をとっているが，told の文は SVOO 型であるのに対して，remind の文では，that の前に of が消去されている（SVOA 型）という情報が欠けている。

2 機能型の文型

2.1. 5 文型

まず,従来の 5 文型から見ていこう。

① SV 型
　Birds **fly**. (鳥は飛ぶ)
② SVC 型
　Mary **became** *a teacher*. (メアリーは教師になった)
③ SVO 型
　I've **lost** *my key*. (鍵をなくした)
④ SVOO 型
　She **gave** *me* the book. (彼女は私にその本をくれた)
　He **built** *himself* a new house.
　(彼は(自分のために)新しい家を建てた)
⑤ SVOC 型
　They **call** *him* Jack.
　(みんなは彼のことをジャックと呼んでいる)

さて,5 文型の最大の欠点は,動詞にとって**義務的な副詞語句**(obligatory adverbial, A) を随意的なものと見て,文の主要素

と考えなかったことである。たとえば,

(1) John **lives** *in London*. （ジョンは,ロンドンに住んでいる）

という文は, 5文型ではSVとなるが, in London を省略した文は, 日英語ともに非文である (以下, *(asterisk) は, 非文法的な連鎖を示すものとする)。

(2) *John **lives**. (*ジョンは住んでいる)

したがって, この文の文型は, SVA ということになる。同様に,

(3) Roy **put** *the car* <u>in the garage</u>.
（ロイは車をガレージに入れた）

という文も, 5文型ではSVOとなるが, in the garage を削除した文は, 日英語ともに非文である。

(4) *Roy **put** *the car*. (*ロイは車を入れた)

つまり, この文の文型はSVOAであり, Aが文の成立にとって不可欠の要素であることがわかる。

2.2. 7文型

そこで, Quirk et al. (1985) は, 従来の5文型に義務的な副詞語句 (A) を加えて, 次のような7文型を示している。

① SV型
Someone **was laughing**. （だれかが笑っていた）

② SVA 型

I **have been** *in the garden*. (私はさっきまで庭にいた)

③ SVC 型

The country **became** totally *independent*.

(その国は完全に独立した)

④ SVO 型

My mother **enjoys** *parties*. (母はパーティーが大好きだ)

⑤ SVOA 型

Fay **put** *the toys* in the box.

(フェイは玩具を箱に入れた)

⑥ SVOO 型

Uncle **gave** *me* that pen. (おじが私にそのペンをくれた)

⑦ SVOC 型

We all **considered** *him* a hero.

(私たちはみな彼を英雄だと考えた)

しかし，次のような文はどうだろうか。

(5) I **am** *fond* of cats. (私はネコが好きだ)†

上の5文型でも，7文型のわく組でも，これは I am fond. という SVC 型の文型とされ，of cats という部分は，義務的に必要な副詞語句（A）であるにもかかわらず，切り捨てられてしまう。

---

† 日本語では，「あなたはネコが好きですか」「ええ，好きです」のように，好みの対象が旧情報（＝聞き手がすでに知っている情報）になっているときは，それを省略しても容認可能である。一方，英語の *I am fond. は救いようのない非文である。

しかし，*I am fond. (*私は好きだ) という文は，日英語ともに非文である。

どうして，こういうことが起こるかと言えば，形容詞には，

(6) I am **happy**. （私は幸せだ）
(7) John is **tall**. （ジョンは背が高い）

のように，項（ここでは，主語名詞句）を一つしか必要としない**1項形容詞**と，次のように，主語項のほかに，もう一つ，対象項を必要とする**2項形容詞**があるからである。

(8) She is **afraid** <u>of snakes</u>.
　　（彼女はヘビをこわがる）
(9) I was **aware** <u>that she was trembling</u>.
　　（彼女が震えているのに私は気づいていた）

これらの文の下線部は，2項形容詞が義務的に要求する副詞語句Aであり，切り捨てることを許さない。

こうして，SVCA型を認めるなら，8文型が得られる。人間の情報処理能力の限界が「7（魔法の数字）±2」であるとするなら，8文型は，優にその限界内に収まるものと言えるだろう。

2.3. 8文型

英語では，主語 (S)，述語動詞 (V)，目的語 (O)，補語 (C)，義務的な副詞語句 (A) という五つの文の要素とその結合の仕方によって，先に見た八つの基本文型 (basic sentence types) が生じる。文型を決定するのは，動詞の**項構造** (argument structure) である。つまり，ある動詞がいくつの項 (argument)（＝動詞が表す動作・状態に参与する名詞句）を必要とするか，ということによって文型が決まってくる。

① SV 型（1 項動詞）
　The sun **rose**. （太陽が昇った）
② SVC 型（1 項動詞）
　John **is** *a teacher*. （ジョンは教師だ）
　I **was** *happy*. （私はうれしかった）
③ SVO 型（2 項動詞）
　I **like** *apples*. （私はリンゴが好きだ）
④ SVOO 型（3 項動詞）
　Bill **gave** *Sally* a book. （ビルはサリーに本を与えた）
　Mother **bought** *me* a nice dress.
　（母さんは私に素敵なドレスを買ってくれた）
⑤ SVOC 型（3 項動詞）［厳密には 2 項動詞（§10.2）］
　They **named** *the baby* Kate.
　（彼らは赤ちゃんをケートと名づけた）
　We **consider** *Jim* a genius.
　（私たちはジムを天才だと考えている）
⑥ SVA 型（2 項動詞）
　Mary **is** *here/in the garden*.
　（メアリーはここに／庭にいる）
　[*Mary is.／*メアリーはいる]
⑦ SVCA 型（2 項形容詞）
　John **is** very *fond* of cats. （ジョンはネコが大好きだ）
　[*John is very fond.／*ジョンは大好きだ]

⑧ SVOA 型（3 項動詞）

He **put** *the key* in his pocket.

（彼はポケットに鍵を入れた）

[*He put the key. ／*鍵を入れた]

NB 1 平叙文，疑問文，命令文，感嘆文，さらに肯定／否定文，能動／受動文などの区別は，文型の区別とは見ない。たとえば，次の文は，文型としてはすべて SVO 型に属する。

a. John loves Mary.
（ジョンはメアリーを愛している）
b. Does John love Mary?
（ジョンはメアリーを愛しているか）
c. John doesn't love Mary.
（ジョンはメアリーを愛していない）
d. Mary is loved by John.
（メアリーはジョンに愛されている）

NB 2 **助動詞・否定辞の問題**

文型論では，助動詞・否定辞は動詞の一部とみなされる。

a. **May I come in**?
（入ってもいいですか）[SV]
b. **I cannot speak** *English*.
（私は英語が話せない）[SVO]

同様に，be to, be able to, be about to, be going to, have to などの**準助動詞**（semi-auxiliary verbs）も，動詞の下位区分とみなされる。

c. Chris **isn't going to win**.
（クリスは勝ちそうにない）[SV]
d. I **have to finish** *the paper* (today).
（私は，きょうレポートを書きあげなければならない）[SVO]

ただし，以下の記述では，進行形，完了形，受動形のほかは，（準）助動詞，否定辞はいちいちマークしないこととする。

II

基本文型

3 SV型

3.1. 1項動詞

　SV型は,自動詞 (intransitive verb) のとる文型で, S (主語) と V (述語動詞) から成り立っている。自動詞は,主語項が一つで文が成立するので, "1項動詞" (one-place verb) とも呼ばれる。このことを項構造では, V(x) と表記し,「**x は V する**」という構造的意味を表す。たとえば, Birds fly.(鳥は飛ぶ) という文を図示すると,次のようになる。

(1)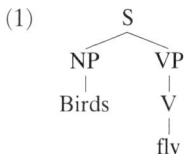

以下,(　) の中の要素は,修飾語 (modifier, M) であって,文の成立にとって不可欠の要素ではない。

(2) *Fire* **burns**. (火は燃える)

(3) *The moon* **rose**. (月がのぼった)

(4) *Such people* (still) **exist**.

(そういう人々は，いまでもいる)

(5) *Ann* **arrived in** Boston (from Chicago).
(アンはシカゴからボストンに到着した)

(6) *The girls* **are sitting** (around the table).
(少女たちは，テーブルの周りにすわっている)

(7) *An* (awful) *thing* **has happened**.
(恐ろしいことが起こった)

上の文で，斜字体の語が S，太字体の部分が V である。are sitting, has happened は，文型論ではひとまとまりで V とみなす。are sitting は sit の進行形，has happened は happen の完了形である。いわば，sit および happen の"活用形"である。are sitting を He was asleep.（彼は眠っていた）などと同列に，SVC と分析するのは妥当ではない。

同様に，次のような，「自動詞＋副詞」の構造をもつ句動詞 (phrasal verb) も SV 型である。

(8) *My car* **broke down** (on the way).
(車が途中で故障した)

(9) *A war* may **break out**. （戦争が起こるかもしれない）

(10) *The handle* **has come off**. （柄が取れた）

(11) How **are** *you* **getting on**? （いかがお過ごしですか）

(12) *He* didn't **show up** (at the office next day).
(彼は翌日事務所に姿を見せなかった)

(13) *The nurse* **stayed up** (all night).
(看護師は，夜どおし起きていた)

(14) *The prices* **came down**. （物価が下がった）

(15) *The* (two) *men* **have fallen out**.

(二人の男は,仲たがいをした) [quarreled]

3.2. 節形式の主語

主語が節形式の場合は,主語節を文末に外置 (extrapose) し,空いた主語の位置に虚辞の it を代入することができる。これは,複雑な要素を文末に回そうとする「**文末重心の原理**」(principle of end-weight) が働くためである。なお,to 不定詞も,句ではなく,節である点に注意。顕在・潜在をとわず,常に主語をもつからである。

(1) **It** (only) ***remains*** **for me to thank you**.
(最後にありがとうと申しあげなければなりません)

(2) **It** *doesn't matter* **how you do it**.
(君がそれをどうやろうとかまわない)

(3) **It** *won't do* **(for you) to turn down his request**.
((君が) 彼の依頼を断るのはまずいよ)

NB 1 come, go と結ぶ副詞は,次のような,強調のための倒置 (inversion) が可能である。

a. **Down came** *the prices* and **up went** *the sales*.
(物価がどかんと下がり,売り上げが急に上がった)

b. There was a gust of wind, and **out went** *the light*.
(一陣の風が吹いて,ぱっと灯が切れた)

c. **Off went** *the electricity supply*.
(電力供給が,ばったり止まった)

NB 2 It is raining. (雨が降っている), It is snowing. (雪が降っている) のような天候動詞 (weather verb) に現れる it は,現実世界に

指示物 (referent) をもっていないので，擬似項 (quasi-argument) と呼ばれる。ラテン語やイタリア語の天候動詞は，形式主語の it に対応する語さえ現れない，真のゼロ項動詞である。以下，φ はゼロを表すものとする。

 a. **Pluit**. 'φ rains.' (ラテン語)
 b. **Piove**. 'φ rains.' (イタリア語)

NB 3 次のように，be を exist (存在する) の意味に使用するのは〈文語体〉であって，生産性はない。

 a. I think, therefore I **am**. (われ思う，ゆえにわれあり)
 b. the powers that **be** (現存する権威)
 c. a way of life that has long ceased to **be**
  (とっくに存在しなくなった生活様式)

NB 4 次のような文の動詞は，一見，自動詞のように見えるが，実は，目的語が表層から落ちているにすぎない。

 a. The children **are eating**. (子どもたちは食事中だ)
 b. He **smokes/drinks**. (彼はたばこを吸う/酒を飲む)

 たとえば，eat は，The children are eating lunch. のように，脈絡 (context) または場面 (situation) から目的語を復元できるものであり，smokes/drinks の場合は，動詞自体の意味から目的語を推理できるものである。この種の動詞を**擬似自動詞** (pseudo-intransitive) と言う。

4 SVA 型

4.1. 2項動詞

この文型をとる動詞は，S のほかに義務的な副詞語句 (A) を要求する。A には，まず，場所を規定する副詞や前置詞句がある。これを図示すれば，

(1)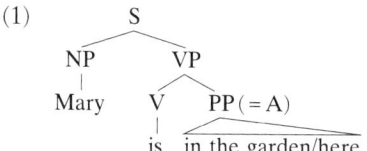

(2) Mary **is** *here/there/in the garden*.　[here = in this place]
　　(メアリーはここに／あそこに／庭にいる) [*Mary is.]

(3) My car **isn't** *in the garage*.
　　(私の車はガレージに入れてない) [*My car isn't.]

(4) His house **is** *near the station*.
　　(彼の家は駅の近くにある) [*His house is.]

場所規定の A をとる代表的な動詞は，存在の be である。上の各文は，Where is x? (x はどこにあるのか) という疑問文に答えるものであり，S は旧情報 (old information) (p. 11) を，A

が新情報 (new information)（＝聞き手がまだ知らない情報）を伝えている。A を削除できないのは，そのためである。

　場所規定の A をとる動詞は，ほかに dwell, live, lie, remain, stand, stay のような静止動詞 (verbs of rest)，あるいは存在の様態を表す動詞がある。

(5) John **lives** *in London*.
　　（ジョンはロンドンに住んでいる）[*John lives.]
(6) The town **lies** *on the coast*.
　　（その町は海岸に臨んでいる）[*The town lies.]
(7) The table **stood** *in the corner*.
　　（テーブルは部屋の隅にあった）[*The table stood.]
(8) He **is staying** *at a nearby hotel*.†
　　（彼は近くのホテルに滞在している）

上の (1), (2) で見るように，here と there は普通文末に置かれる。しかし，新情報の焦点 (focus) を強調するため文頭に置かれると，(S が人称代名詞の場合を除いて) 倒置 (inversion) が生じる。†† この場合，感嘆の気持ちがこもるので，書きことばでは感嘆符を付ける (Hornby 1975: 16)。

(9) *Here*'s your friend! （ほら，君の友人が来たよ！）

---

† Is he staying at a nearby hotel? — Yes, he is still staying. のように，at a nearby hotel が旧情報になった場合は，それを省略することも可能。

†† 動詞が文の 2 番目に現れる現象で，"動詞第 2 位現象" (V-2 phenomenon) と呼ばれる。類例：
　a. Outside **stood** a little girl. （外に女の子が立っていた）
　b. There **goes** the bell! （ほら，ベルが鳴っている！）

(10) *There* **are** the others! (ほかの連中はあそこだよ！)

(11) *There* it **is**! (あそこだよ，それは！)

(11) の例で，*There is it! と言えないのは，主語の it が定 (definite) 代名詞で，旧情報を担っているので，典型的な新情報の位置である文末に置けないためである。

義務的な A は，そのほか，空間関係や価格・程度などを表すものもある。

(12) He **stole** *into the room*.
(彼はその部屋へこっそり入った)［方向］

(13) All roads **lead** *to Rome*.
(すべての道はローマに通じる)［着点］

(14) The forests **stretch** (*for*) *hundreds of miles*.
(森林は何百マイルも広がっている)［範囲］

(15) He **failed** *in his attempt*.
(彼は企てに失敗した)［範囲］

(16) We **walked** (*for*) *five miles*.
(私たちは 5 マイル歩いた)［距離］

(17) John **jumped** *five meters*.
(ジョンは 5 メーター跳んだ)［距離］

(18) The book **cost** *ten dollars*.
(この本は 10 ドルかかった)［価格］

(19) The thermometer **rose** *six degrees*.
(温度計は 6 度上がった)［程度］

A には，さらに，次のように時間を規定するものもある。

(20) Troy **is** *no more*. (トロイはもはやない)
(21) Chaucer **lived** *in the fourteenth century*.
(チョーサーは 14 世紀に生きていた)
(22) We **waited** (*for*) *half an hour*.
(私たちは 30 分待っていた)
(23) Won't you **stay** (*for*) *the night*?
(今晩はお泊まりになりませんか)
(24) My watch **loses** *two minutes a day*.
(私の時計は一日 2 分遅れる)

次のような例では，場所・方向が比喩的に拡張されて，関係概念を表す A になっている。当然，動詞も，関係動詞 (relation verb) が多く使用されている。

(25) The book **belongs** *to me*. (その本は私のものだ)
(26) Happiness **consists** *in contentment*.
(幸福は満足することにある)
(27) Whether we go or not **depends** *on the weather*.
(私たちが行くか行かないかは，天気次第だ)
(28) The road **goes** *through the forest*.
(道は森を抜けている)
(29) We **got** *into a heated argument*.
(私たちは激論を始めた)

be 動詞が 'take place' という意味を表す場合は，主語は，match, wedding, performance のような「出来事名詞」(eventive noun) でなければならない。

(30) The match **is** *tomorrow*. （試合はあすある）

(31) The wedding **was** *on Sunday*. （結婚式は日曜日だった）

(32) The last performance **was** *at eight o'clock*.
（最後の上演は8時からだった）

日本語においても，同様な事実が観察される。次の二つの文の文法性の違いは，「運動会」は「出来事名詞」だが，「書棚」はそうではない点に原因がある。

(33) a. アスハ，運動会ガアル。
　　 b. *アスハ，書棚ガアル。

NB 以前，He is *in the garden*. のような文の前置詞句が補語（C）なのか，副詞句（A）なのか，という問題をめぐって論争が行なわれたことがあった。この文は，もちろん，SVA 型である。その証拠に，Where is he? と訊くこともできるし，Where he is is in the garden. （彼がどこにいるかと言えば，庭の中にいる）と**擬似分裂文**（pseudo-cleft sentence）に書き替えることもできるからである。

擬似分裂文については，次の三つの文を参照されたい。

a. I want money. （お金がほしい）［叙述文］

b. It's móney (that) I want.
（ほしいのはお金だ）［(it) 分裂文］

c. What I want is móney. （同上）［擬似分裂文］

a.-*c.* 文において，money が新情報，that/what I want が旧情報である。日本語では，*b.*, *c.* 文の区別ができない点に注意（どちらも同じ訳文になってしまう）。

4.2. 中間態動詞

元来は他動詞でありながら，能動形で受動的意味を表す動詞がある。これを**中間態動詞** (middle voice verb) または**能動受動動詞** (activo-passive verb) と言う。

(1) The book **reads** *easily*. （この本は楽に読める）
(2) This knife **cuts** *well*. （このナイフはよく切れる）
(3) This scientific paper **reads** *like a novel*.
  （この科学論文は小説のように読める）
(4) A thick beard **shaves** *with difficulty*.
  （濃いあごひげは剃りにくい）
(5) The meat **cuts** *tender*. （この肉は軟らかく切れる）
(6) This cereal **eats** *crisp*.
  （このシリアルは食べるとパリパリする）

この構文では，本来は〈受動者〉であった名詞句が話題になるため，受動的な読みが強制されるのである。

この種の動詞には，次のような特徴がある。

① easily, well, like a novel, tender のように，様態の副詞または形容詞 (A) を義務的に伴う。
② A が義務的に必要なのは，それが新情報を伝えているからである。
③ 主語の特徴を述べる総称文 (generic sentence) なので，通例，現在時制が用いられる。

NB 1 A として二つの前置詞句 (PP) をとる動詞もある。

He **argued** *with John* about politics.

(彼はジョンと政治について議論した)

したがって，厳密に言えば，この種の文は SVAA 型であるが，He argued (with John) about politics. のように，最初の A が旧情報となったために削除されることもあれば，He argued with John (about politics). のように，二番目の A が旧情報となって削除されることもあるので，SVA 型の下位類と見るのが妥当である。

NB 2 次の文の太字体の部分も，A であり，目的語ではない。

a. He weighs **160 pounds**.

(彼は体重が 160 ポンドある) [*He weighs.]

それは，次のような SVA 型の文との平行性によって明らかである。

b. He weighs **heavily**. (彼は目方が重い) [*He weighs.]

NB 3 次の二つの文は，それぞれ，A と M を含んでいる。

a. John ran **after Mary**.

(ジョンはメアリーを追いかけた) [A]

b. John ran **after dinner**. (ジョンは夕食後走った) [M]

両者の違いは，次の枝分かれ図を見れば明瞭である。つまり，after Mary は V (= ran) にとって不可欠な補部 (complement) であるのに対して，after dinner は，V の付加部 (adjunct) であって，V との直接の関係はない。

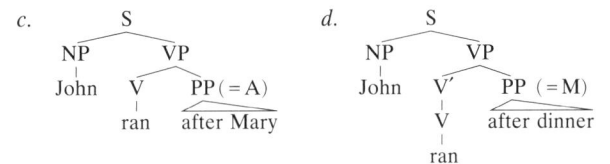

c.
```
        S
       / \
     NP   VP
      |   / \
    John V   PP (= A)
         |   |
        ran  after Mary
```

d.
```
        S
       / \
     NP   VP
      |   / \
    John V'  PP (= M)
         |   |
         V   after dinner
         |
        ran
```

[S = sentence, NP = noun phrase, VP = verb phrase, V′ = v-bar (V よりも一段階大きい要素), PP = prepositional phrase]

平たく言えば，run after は 'chase' という意味の他動詞の働きをしているのに対して，after dinner は，副詞的修飾語として働いているのである。

その証拠に，M の場合は，

e. **After dinner** John ran. (夕食後，ジョンは走った)

のように，文頭へ回すことが可能であるのに対して，A の場合は，意味を変えずに文頭へ回すことはできない。

 f. **After Mary** John ran.

という文は，「メアリーのあとからジョンが走った」という意味であって，「メアリーを追いかけた」という意味にはならない。つまり，文頭に回された前置詞句は，もはや A ではなく，M になっているのである。

5 SVC 型

　この文型は，be およびその類語から成る**連結動詞** (linking verb) のとるもので，主語の性質・状態を表す主語補語 (subject complement, C) を必要とする。

　このことを項構造で表すなら，be C(x) と表記され，「**x は C である／になる**」という構造的意味を表す。

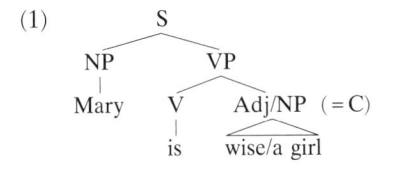

```
(1)           S
           /     \
         NP      VP
          |     /   \
        Mary   V   Adj/NP ( = C)
               |    ‾‾‾‾‾‾‾‾‾
               is   wise/a girl
```

連結動詞には，次の 2 種類が認められる。

① be 型 (補語の現状を示す)： be, feel, look, smell, sound, taste, remain, keep, stay
② become 型 (補語の結果状態を示す)： become, get, go, grow

主語補語になるものは，名詞句，形容詞句，またはその相当語句である。

5.1. be 型動詞

まず，be 型動詞の例を挙げてみよう。主語補語は，主語の特徴づけ，分類，同定，指定のいずれかを表す。

特徴づけ (characterization)： 主語を特徴づける。

(1) Mary **is** *wise*. （メアリーは賢い）[Mary = wise]
(2) Mice **are** *timid creatures*.
    （ネズミは臆病な動物だ）[mice = timid creatures]

分類 (classification)： ある類の成員であることを表す。

(3) I **am** *a Catholic*.
    （私はカトリック教徒です）[I = a Catholic]
(4) Frank **is** *a philosopher*.
    （フランクは哲学者です）[Frank = a philosopher]

同定 (identification)： しばしば疑問文の答えとして用いられる。補語は名詞句に限られる。

(5) Who is it? — It's *me*. （だれですか——私です）
(6) What is John? — He **is** *Mary's husband*.
    （ジョンは何者ですか——メアリーの夫だよ）

指定 (specification)： 主語の内容を明らかにする。

(7) His excuse **was** *that the bus was late that morning*.
    （彼の言い訳は，その日の朝はバスが遅れたというものだった）
(8) What I saw **was** *a tiger*. （私が見たのは，トラだ）

be 型の連結動詞には,なお,次のようなものがある。

(9) When the crops fail, the people **go** *hungry*.
(不作だと人々は飢える)[go「常に ... している」]

(10) **Keep** *smiling* whatever happens.
(何事が起ころうと,にこにこしていなさい)

(11) She **remained** *a widow* for the rest of her life.
(彼女はその後ずっとやもめで通した)

(12) The weather **stayed** *cold*.
(天気は相変わらず寒かった)

(13) His excuse **rings**/***is ringing** *true*/*hollow*.
(彼の弁解は本当らしく/しらじらしく聞える)

C が前置詞句の場合

次の例では,前置詞句が形容詞的に働いて,主語補語になっている。動詞は,おもに be。

(14) She**'s** *in good health* (= well). (彼女は健康だ)

(15) Your memory **is** *at fault* (= faulty).
(君の記憶はまちがっている)

(16) We **are** not yet *out of danger* (= safe).
(私たちはまだ安全ではない)

(17) They **were** all *out of breath* (= breathless).
(彼らはみんな息切れがしていた)

(18) At last Ted **was** *at liberty* (= free).
(ついに,テッドは自由の身となった)

(19) This poem **is** *beyond me* (= too difficult for me).
(この詩は(むずかしくて)私にはわからない)

(20) Payment **is** *by cash* only.　（支払いは，現金だけです）

(21) He's *off cigarettes*.　（彼は禁煙している）

(22) The two books **are** *for you*.

　　（この2冊の本は，あなたにあげます）

NB 1　主語と主語補語との間には，「S＝C」の等式関係が成立している。そこで，この文型を"等式文"(equational sentence) ということもある。同定文では，x is y を y is x と倒置しても，知的意味 (cognitive meaning) (＝現実世界の事実関係) は変わらない。

a. The leader **is** *John*.＝John **is** *the leader*.

　　（リーダーはジョンだ＝ジョンがリーダーだ）

しかし，分類文では x と y を倒置することは，日英語ともに不可能である。

b. John is a philosopher.　（ジョンは哲学者だ）

c. *A philosopher is John.　（*哲学者はジョンだ）

なぜなら，分類文は，「x は y という類の成員である」という意味を表すものだから，y の外延 (extension) のほうが x のそれよりも広くなければならない。つまり，哲学者は，世の中にごまんといるが，ジョンはただ一人しかいないのである。

NB 2　次の斜字体の部分は，C ではなく，準主語補語（二次述語 (secondary predicate) とも言う）である。斜字体の部分を削除しても，文意は成立するからである。

a. Mary married/died *young*.

　　（メアリーは，年若くして結婚した／死んだ）

b. He died *a bachelor*.　（彼は独り者として死んだ）

c. Let's part *good friends*.　（仲良しとして別れよう）

次のタイプの現在分詞も同様。

d. The children came *running* to meet us.

　　（子どもたちは，私たちを迎えに走ってやってきた）

e. She lay *smiling* at me.

　　（彼女は横たわったまま私にほほえみかけていた）

外見動詞

appear, seem, look のような"外見動詞"の場合，補語の前に，主述関係を明らかにするために to be を補うことができる。

(23) The baby **appears** (*to be*) *hungry*.
(赤ちゃんは，おなかが空いているように見える)

(24) She **seems**/***appears** *a nice girl*.
(彼女は，いい娘さんのようだ)［seem は主観的印象にも，客観的印象にも用いられるが，appear は普通，客観的事実について使用される］

(25) Tom **seems** *to be*/***seems** a sailor.
(トムは，水夫のようだ)［seem to be C は，客観的事実を述べる場合に好まれる］

(26) Jim **looked** (*to be*) *in poor health*.
(ジムは体調がすぐれないような顔をしていた)

以下の look の例では，多分に成句的になっているため，to be は付かない(あるいは，to be の付かない形で成句となっている)。

(27) She doesn't **look** *her age*.
(彼女は実際の年よりも若く見える)

(28) It **looks** *like rain*.　(ひと雨来そうだ)

(29) It **looks** *as if it's going to rain*.　(同上)

次の例で，at ease が形容詞の comfortable と等位接続 (conjoin) されて (=同じカテゴリーの語が and で接続されて) いるのは，それが形容詞句である証拠である。

(30) He **appeared** *at ease* and *comfortable*.

(彼はのんびりと，くつろいでいるようだった)

五感動詞

次のような五感動詞も，be 型の連結動詞である。

(31) He **felt** *cheated*. （彼はだまされたと感じた）

(32) This cloth **feels** *soft* and *smooth*.
    （この布は，手ざわりが柔らかくすべすべしている）

(33) The coffee **smelt** *wonderful*.
    （コーヒーは，素晴らしい香りだった）

(34) The meal **tasted** *delicious*.
    （その食事はとてもおいしかった）

(35) Your plan **sounds** *interesting*.
    （君の計画，おもしろそうだね）†

5.2. become 型動詞

次に，become 型の連結動詞の例を見てみよう。

(1) Ann **became** *a teacher*. （アンは教師になった）

(2) The weather **got** *warmer*. （天気は暖かくなった）
    [get は，become よりも口語的]

(3) Her dreams **have come** *true*. （彼女の夢は実現した）

(4) The door **came** *unhinged*. （ドアの蝶つがいがはずれた）
    [come は，良い／悪い状態への変化に用いる]

---

† *Her eyes sound charming. は不可。目は（比喩的に言っても）音を出さないからである。

(5) The meat **has gone** *bad*. (肉が腐った)
　　［go は,主に悪い状態への変化に用いる］

(6) The lake **froze** *solid* (in the night).
　　(湖は夜の間に凍りつめた)

(7) She **fell** *silent/ill*. (彼女は口をつぐんだ／病気になった)
　　［fall は,主に「悪い状態になる」］

(8) His hair **is growing** *thin*.
　　(彼の髪の毛が薄くなってきている)
　　［grow C は,「徐々に C になる」］

(9) The well **has run** *dry*. (井戸が干上がった)

(10) Mary **turned** *pale*. (メアリーはさっと青ざめた)
　　［turn C は,「急に C になる」］

(11) Everything **turned out** *well*. (何もかもうまくいった)
　　［turn out C は,「結局 C になる」］

(12) The cloth **is wearing** *thin*.
　　(この布は,次第に薄くなってきている)

(13) The door **blew** *open*. (ドアが風でパッと開いた)

NB 連結動詞は,何項動詞だろうか。She became a nurse.(彼女は看護師になった)の場合,2 項動詞だろうか? そうではない。[become a nurse], [be a philosopher], [seems a nice girl] が,それぞれ,一つの述語なので,やはり,1 項動詞ということになる。Frank = a philosopher という等式でわかるように,「フランクは,哲学者に分類される」という意味であって,フランクと哲学者という二人の人がいる(=二つの項がある)のでは決してない。

6 SVCA 型

6.1. 2項形容詞

　この文型は，SVC の C の機能を果たす 2 項形容詞が義務的に前置詞句などを補部として伴うものである。

　5 文型の SVC のほかに，SVCA を認めるのは，先に触れるところがあったように，I am fond of cats. から A である of cats を削除すると，*I am fond. という非文が得られるからである。厳密に言えば，be fond が述語なので，そのとき，cats は好みの対象を示すものとして，まぎれもなく be fond の目的語である (Jespersen 1924, Tesnière 1966)。

　この 2 項形容詞の表す関係は，be fond(x, y)「**x が y を好んでいる**」のように，表記することができる。これを図示すれば，次のようになる。

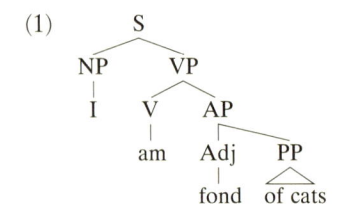

(1)
```
            S
          /   \
         NP    VP
         |    / \
         I   V   AP
             |  /  \
            am Adj  PP
                |   /\
              fond of cats
```

(2) She **is afraid** *of rats*. （彼女はネズミをこわがる）
(3) She **was ashamed** *of her son's conduct*.
    （彼女は息子の行ないを恥じていた）
(4) He **was aware** *of a danger*. （彼は危険に気づいていた）
(5) I **am certain** *of her recovery*.
    （彼女はきっと回復すると信じている）
(6) I **was conscious** *of an extreme weariness*.
    （私は極度の疲れをおぼえた）
(7) I **am sure** *of his success*. （彼の成功を信じている）
(8) **I'm glad** *of it*. （それはありがたい）
(9) We **are** all **anxious** *for peace*.
    （私たちはみな平和を熱望している）
(10) I **am concerned** *about the boy's safety*.
    （私はその男の子の安否が心配だ）

6.2. A が that 節の場合

以上の形容詞の目的語の位置に文を埋め込んだ (embed) 場合，それは that 節として実現する。

(1) He **was aware** *that there was a danger*.
    　S　　V　　　C　　　　　A
    （彼は危険があることに気づいていた）
(2) Mary **is afraid** *that she may fail again*.
    （メアリーはまた失敗するのではないかとおそれている）
(3) She **is very anxious** *that her son (should) succeed*.
    （彼女は息子の成功を切望している）

(4) **I'm ashamed** *that I haven't replied to your letter yet.*
(まだご返信していないことを恐縮しています)

(5) **I am certain** *that he was candid.*
(彼は率直だったと信じている)

(6) **I was conscious** *that something was missing.*
(何かなくなっていることに気づいていた)

(7) We **are glad** *that the Smiths are coming.*
(私たちはスミス夫妻が来るのを喜んでいる)

(8) I **am sure** *that Roy will win.*
(ロイが勝つものと確信している)

(9) She **was concerned** *that she might miss the bus.*
(彼女はバスに遅れはしないかと気がかりだった)

このように，that 節の前では，前置詞は義務的に省略されるが，次のような擬似分裂文（pseudo-cleft sentence）(25 ページを参照) に書き替えると，省略されていた前置詞がまた復活する点に注意。

(10) What he was aware **of** was that there was a danger.
(彼が気づいていたことは，危険があるということだった)

(11) What she was concerned **about** was that she might miss the bus. (彼女の気がかりだったのは，バスに乗り遅れはしないかということだった)

否定文・疑問文では，wh 節をとる形容詞もある（この場合は，前置詞が残ることがある）。

(12) He **was not certain** *which way he should take.*

(彼はどの道をとればいいのか，自信がなかった)

(13) **Are** you **aware** (**of**) *what kind of man he was*?
(彼がどんなふうな人だったか気づいているのか)

次の形容詞は，やはり，SVCA 型であるから，前置詞句 (A) を省略することはできない。しかし，この種の形容詞は，意味的制約から，命題内容を表す that 節を目的語としてとることはない。

(14) The symphony **is suggestive** *of a sunrise*.
(その交響曲は日の出を連想させる)

(15) Politicians **are subject** *to criticism*.
(政治家は批評されやすい)

(16) Joe **is interested** *in languages*.
(ジョーは語学に興味をもっている)

(17) Most of us **are opposed** *to the death penalty*.
(私たちの大半は，その死刑に反対している)

(18) He **is free** *from worldly cares*.
(彼には世俗的な心配がない)

(19) Mary **is good** *at mathematics*. (メアリーは数学が得意だ)

以上のような前置詞句は，普通，省略されないが，I was angry/surprised/astonished のような感情を表す形容詞にあっては，前置詞句が旧情報となった場合，表層から削除されることがある。

(20) John **was angry** (*about trifles*).
(ジョンは，(つまらないことで) 怒っていた)

(21) **I am surprised** (*at you*). ((君には)あきれたよ)

(22) Everybody **was astonished** (*at the accident*).
(みんな(その事故に)びっくりした)

NB 次の二つの文の [ ] 内の要素(義務的な副詞語句 A)を切り捨てない理由について，以下のことをつけ加えておきたい。

a. I am fond [of cats].

b. She was conscious [that Marie was listening to every word].

(i) まず，*I am fond. という文が非文であること。

(ii) 「上の *a.*, *b.* は，SVC 型です」と言って，[ ] 内の要素を切り捨てて中高生に教えたくないこと(彼らはきっと，では of cats や that 節は何なのか，という疑問を抱くにちがいない)。

(iii) 形容詞に tall のような 1 項形容詞と fond のような 2 項形容詞の 2 種があること，つまり，A は 2 項形容詞の補部 (complement) であって，不可欠の要素であることを学生に徹底させたいこと。

(iv) イェスペルセン，テニエール，チョムスキーも言っているように，cats や that 節は，それぞれ，fond および conscious の目的語 (あるいは，好悪，意識の対象) であること。

(v) たとえば，上の *b.* から that 節をとって，I was conscious とした場合，conscious は「...に気づいている」という意味ではなく，「意識のある」という異なる意味になってしまうこと，などである。

文型は，動詞がいくつの項をとるかの分類法であるとすれば，それなら SVC の存在も怪しくなる。たとえば，I am happy. では，am happy が述語 (predicate) であるから，厳密には SV としなければならない。筆者がこれを SVC として認めるのは，文型というものは初学者向けのものであって，実用的でなければ意味がない (nothing if not practical) と考えるからである。

7 SVO 型

7.1. 2項動詞

　この文型は，目的語 (O) を一つとる他動詞 (transitive verb) である。他動詞は，その表す動作に主語を表す名詞句と目的語を表す名詞句の二つが参与するので，"2項動詞"(two-place verb) とも呼ばれる。この関係は，V(x, y) と表記することができ，「**x は y を V する**」という構造的意味を表す。y の位置を占めるのが O である。

　John kicked the ball. (ジョンはボールをけった) という文は，次のように図示できる。

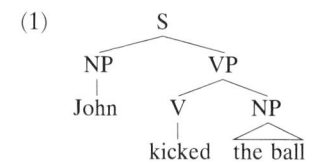

(1)
```
          S
        /   \
      NP     VP
      |     /  \
    John   V    NP
           |   /  \
        kicked the ball
```

　他動詞は，大きく，make, kick, catch などのような**動作動詞** (actional verb) と，see, hear, know のような**状態動詞** (stative verb) に分かれる。

41

SVO型は，英語の**愛用文型** (favorite sentence type) であり，最も使用頻度の高い文型である。

(2) John **cut** *his finger*. （ジョンは，指を切った）
(3) Mary **enjoys** classical music.
   （メアリーはクラシック音楽を喜んで聴く）
(4) The little boy **caught** *the ball* quickly.
   （その坊やはすばやくボールをとらえた）
(5) John **kicked** *the ball*. （ジョンはボールをけった）
(6) **Have** you **seen** *the movie*? （その映画(を)見ましたか）
(7) **Have** you **made** *your bed* yet?
   （もうベッド(を)整えましたか）
(8) An idea **struck** *me*.
   （ある考えが浮かんできた）[<心をたたいた]
(9) I **dug** *a deep hole*. [= I made a big hole by digging.]
   （私は深い穴を掘った）[結果の目的語]

他動詞は，通例，受動化が可能。

(10) **Has** your bed **been made** yet? (cf. (7))
(11) The ball **was kicked** by John. (cf. (5))

英語の目的語は，普通，日本語の対格（=直接目的語の格）をマークする格助詞「ヲ」と対応するが，次に見るように，他動性 (transitivity) が低い動詞では，「ニ，ガ，ト」などと対応することもある。

(12) Ann **fears** *spiders*. （アンはクモを怖がる）

(13) I **heard** *an owl* last night.

(ゆうべ，フクロウの声が聞こえた)

(14) We **reached** *York* at midnight.

(私たちは，真夜中にヨークに着いた)

(15) Patty **married** *a doctor*. ［cf.〈古〉marry *with* sb］

(パティーは，医者と結婚した)

(16) Nobody **answered** *my question*. ［cf. answer *to* a question］ (だれも私の質問に答えなかった)

NB 1 Jespersen (1924) は，She will **make** *a good wife.*（彼女はいい妻になるだろう）という文の a good wife が目的語か述詞（＝補語）か不明であるとするが，OED^2 (s.v. *Make* 28) には，「good/bad などの形容詞を伴った名詞を目的語として，...の役割を（立派に／下手に）果たす」と定義している。最も新しい引用例は，She will make him a good wife.（彼女は彼にとっていい妻になるだろう）である。これは，SVOO 型であり，She will make a good wife for him. なら，SVOA 型である。この make は，結局，Twice one *makes* two. ($2 \times 1 = 2$) とか，A long beard does not *make* a philosopher.〈諺〉(あごひげが長ければ哲学者になれるというものではない) などに現れる make と同類と見てよい。ドイツ語の geben（＝ give）に似た用法がある。Rauhe Füllen *geben* gute Pferde.〈諺〉(荒馬は良馬になる)

NB 2 *Know Japanese! とか，「*日本語を知れ！」とかは，非文であるが，Know thyself!（自分自身を知れ！）とか，「恥を知れ！」とかは容認可能なのは，なぜだろうか。それは，自分自身を知ることや恥を知ることは，「答えを知る」などと違って，内観 (introspection) によって可能だからである。

NB 3 Quirk et al. (1985: 749) は，**場所目的語** (locative object) として，次のような例を挙げている（日本語の「山を歩く」，「川を渡る」などを参照）。

a. We walked *the streets*.
   [=We walked *through* the streets. (SVA 型)]
b. He swam *the river*. [=He swam *across* the river. (SVA 型)]
c. The horse jumped *the fence*.
   [=The horse jumped *over* the fence. (SVA 型)]

c. の文は，The fence was jumped by the horse. のように受動文に書き替えられるので SVO 型と見てよいが，最初の二つの文のように，受動文に書き替えられないものは，We stayed *three days*. のような時間規定の A を伴う文と同様に，SVA 型と見るべきであろう。

7.2. 中間動詞

なお，状態動詞のうち，have, resemble, lack, cost, hold などの「中間動詞」(middle verb) は，受動構文に使用されない。ただ主語と目的語の関係を表しているだけで，他動性 (transitivity) がないからである。

(1) Ann **has** blue eyes. （アンは青い目をしている）
   [cf. *Blue eyes **are had** by Ann.]
(2) Mary **resembles** her mother. （メアリーは，母親似だ）
(3) John **lacks** experience. （ジョンは経験に欠けている）
(4) This auditorium **holds** five hundred people.
   （この講堂は 500 人を収容する）

NB 1 This book can **be had** at any store. （この本はどこの店でも買える）の have は「中間動詞」ではなく，'obtain' の意味の動作動詞なので受動構文が可能。

NB 2 伝統文法では，目的語を「動詞の表す動作を受ける人や物」と定義している。この定義は，次の *a.* の文のように，主語が行為

者 (actor) の場合は適切であり，また，b. のように，主語が経験者 (experiencer) の場合も，その心理的な活動が目的語の指示物を対象としていると言うことはできる。

  a. The hunter shot a bear. （猟師はクマを撃った）
  b. Jean fears snakes. （ジーンはヘビをこわがる）
     [cf. Snakes *are feared* by Jean.]

しかし，「中間動詞」は，「動作」を表すものではないので，「動作を受ける」とは言いがたい。あえて，目的語を定義するなら，目的語とは，統語的にはVの補部で，意味的には〈行為者〉または〈経験者〉の〈対象〉(theme) となる語である，と言えるだろう。

7.3. 再帰目的語

主語と目的語とが同一指示的 (coreferential) である（＝同じものを指す）場合は，目的語は義務的に再帰代名詞が用いられる。そこで，次の二つの文は対立 (contrast) する。

(1) a. John **hurt**/**killed** *himself*.
     （ジョンはけがをした／自殺した）
   b. John **hurt**/**killed** *him*.
     （ジョンはその男にけがをさせた／を殺した）

次のような動詞は，常に再帰代名詞を目的語としてとるので，再帰動詞 (reflexive verb) と呼ばれる。

(2) Please **behave** *yourselves*.
    （どうか行儀よくしてください）
(3) She **prides** *herself* on being able to speak French.
    （彼女はフランス語を話せるのが自慢だ）

(4) He **availed** *himself* of every opportunity to improve his English. (彼は英語上達のためあらゆる機会を利用した)[〈米〉では，oneself を落とすことがある]

7.4. 動名詞を目的語としてとる動詞

動名詞は，通例，**事実指向的** (fact-oriented) という特徴を共有している。たとえば，第 1 文は，[　]内の文を含意している（つまり，「禁煙する」以前に「喫煙して」いたはずである）。

(1) Bob **gave up** *smoking*. (ボブはタバコをやめた)
　　[cf. Bob *smoked*. (ボブは，タバコを吸っていた)]
(2) Meg **enjoys** *playing tennis*.
　　(メグはテニスをするのを楽しむ)
(3) **Have** you **finished** *reading 'Hamlet'*?
　　(「ハムレット」は読み終わりましたか)
(4) I **couldn't help** *laughing*. (笑わずにはいられなかった)
(5) **Do** you **mind** *waiting* a bit longer?
　　(もう少し待っていただけませんか)
(6) She **considered** *doing it*.
　　(彼女はそれをすることを考えてみた)
(7) He **had missed** *being elected* by a single vote.
　　(彼は 1 票差で選任されなかった)
(8) They've decided to **postpone** *having a family* for a while. (二人は子どもを産むのを当分延ばすことに決めた)

need, *want*, *require*, *want*, *deserve* など「必要」を表す動詞の

あとでは，動名詞は受動的な意味を表す（to 不定詞が使用可能な場合は，受動不定詞が要求される）。

(9) These people **deserve** *rewarding/to be rewarded*.
  (これらの人々は当然報いられてよい)
(10) Your hair **needs** *cutting/to be cut*.
  (君の髪は刈ってもらう必要がある)
(11) The plants **want** *watering/to be watered* daily.
  (この植物は，毎日水をやる必要がある)
(12) The house **requires** *painting/to be painted*.
  (この家は，ペンキを塗る必要がある)

not bear -ing についても同様なことが言える。

(13) His language wo**n't bear** *repeating/to be repeated*.
  (彼の言葉は（下品で）くりかえすに耐えない)

この用法の動名詞は，「受動的な意味を表す」とされるのが普通だが，動名詞には意味主語があるのだから，厳密には能動の意味のまま解すべきである。requires painting は，「ペンキを塗られる必要がある」ではなく，「（だれかが）ペンキを塗る必要がある」という意味である。日本語の「舌切り／*切られスズメ」，「捨てネコ／*捨てられネコ」，「詠み人知らず／*知られず」なども参照。

7.5. to 不定詞を目的語としてとる動詞

大きく二つの用法があるが，普通，未来指向的な意味に用いられる。

未来指向性

この種の to 不定詞は, 通例, その表す動作が「**未来指向的**」(future-oriented) という意味特徴を共有している。to 不定詞の to は, 元来, 方向を表す前置詞だったからである。

(1) He **decided** *to go* to America.
 (彼はアメリカに行こうと決心した)

(2) I **hope** *to see* you soon.
 (じきにお目にかかりたいと思っています)

(3) What do you **intend** *to do* about it?
 (そのことをどうするつもりですか)

(4) He **agreed** *not to tell* it to anyone.
 (彼はそのことをだれにも言わないことに同意した)

(5) I don't **care** *to see* the movie. (その映画は見たくない)

(6) I'm **planning** *to visit* London next month.
 (私は来月ロンドンに行くことをもくろんでいる)

含意動詞

次の動詞は, 過去時制において補文 (= to 不定詞節) の内容が実現したことを表している。そこで, **含意動詞** (implicative verb) と呼ばれる。含意動詞は, したがって, 「未来指向的」ではなく, 「事実指向的」である。

(7) The baby **ceased** *to cry*. (赤んぼうは泣きやんだ)

(8) The duke **condescended** *to look* at Rose for the first time. (公爵は, かたじけなくもはじめてローズに目を向けた)

(9) The mayor **declined** *to comment* on the rumors.
(市長はそのうわさについてコメントするのを断わった)

(10) Bill **happened** *to break* the window.
(ビルは，たまたま窓ガラスを割った)

(11) He **failed** *to pass* the test. (彼は試験にパスしなかった)

(12) I **forgot** *to call* John. (ジョンに電話するのを忘れた)

(13) Jim **managed** *to solve* the problem.
(ジムはなんとかその問題を解いた)

(14) Jane **pretended** *to be* a student.
(ジェーンは学生のふりをした)

(15) Tom **neglected** *to mention* the fact.
(トムはその事実を言うのを忘れてしまった)

(16) I **ventured** *to ask* him what he was writing.
(私は思いきって彼が何を書いているのか尋ねてみた)

7.6. 動名詞と to 不定詞の両方をとる動詞

動詞によっては，動名詞と to 不定詞の両方をとるものがある。しかし，通例，二つの構文の間には意味の違いが認められる。したがって，両者の違いがあらわになる環境を見つけることが大切である。

次の動詞では，(a) 文のように動名詞をとるときには〈事実指向的〉，(b) 文のように to 不定詞をとるときには〈未来指向的〉という対立がある。

(1) a. I don't even **remember** *telling* you that.

(君にそのことを話したことを覚えてさえいない)

    b. Please **remember** (=Don't forget) *to post* this letter. (忘れずにこの手紙を投函してください)

(2) a. I shall never **forget** *seeing* the Queen.
(女王に会ったことを決して忘れない)

    b. Don't **forget** *to write* to your mother.
(忘れずにお母さんに手紙を書くのですよ)

(3) a. I **stopped** *smoking*. (私はタバコはやめました)

    b. I **stopped** *to smoke*. ［to 不定詞は副詞句］
(私はタバコを吸うために立ち止まった)

(4) a. He **went on** *reading* for hours.
(彼は何時間も読書を続けた)

    b. He stopped speaking and **went on** *to read* the letter. (彼は話をやめて、その手紙を読みにかかった)

(5) a. I **tried** *skating*, and found it rather hard.
(スケートしてみたが、かなりむずかしかった)

    b. I **tried** *to skate*, but fell over at once.
(スケートしようとしたが、すぐ転んでしまった)

love, *like*, *hate* などの「好悪動詞」についても、動名詞と to 不定詞との間には同様な対立が観察される。

(6) a. *I'll **like** *dancing* this evening.
(*?今晩ダンスが好きになるだろう)

    b. I'd **like** *to dance* this evening.
(今晩ダンスがしたい)

次の (7a) が文法的なのは，事実指向的な動名詞が「メアリーが女性である」という事実と整合するからであり，(7b) が非文法的なのは，未来指向的な to 不定詞が「メアリーが女性である」という事実と矛盾するからである。

(7) a.　Mary **loves** *being* a woman.
　　　　（メアリーは女性であることが気に入っている）
　　b.　*Mary **loves** *to be* a woman.

なお，次例も参照されたい。

(8) a.　I'm sorry *to trouble* you. （ご迷惑をおかけします）
　　b.　I'm sorry *for troubling* you.
　　　　（ご迷惑をおかけしました）

(8a) は迷惑をかける前の，(8b) はかけたあとの発話である。

(9) a.　It's **nice** *to see/seeing* you.
　　　　（あなたとお会いするのは愉快です）［現在会っている］
　　b.　It **was nice** *meeting* you.
　　　　（お会いして愉快でした）［別れのあいさつ］

begin, ***start*** は，to 不定詞をとるときは「始動」に，動名詞をとるときは「持続」に力点が置かれる傾向がある (Quirk et al. 1985: 1192)。しかし，次のような文では，この違いが見えてこない。

(10)　Lucy **started** *to write/writing* while in hospital.
　　　　（ルーシーは，入院中にものを書きはじめた）

けれども，次のような文では，両者のニュアンスの違いが見えてくる（そういう言語的環境を見いだすことも，研究者のつとめの一つである）。

(11) a. He **started** *to speak*, but stopped because she objected. （彼は切りだしたが，彼女が反対したのでやめた）

b. He **started** *speaking*, and kept on for more than an hour. （彼は話しはじめて1時間以上しゃべり続けた）

start, begin が進行形の場合は，to 不定詞しか使用できない（**二重 ing 制約** (double-*ing* constraint) と呼ばれる）。

(12) **I'm beginning** *to learn*/**learning* karate.
（私は空手を学びはじめている）

7.7. 同族目的語

次のような，動詞と同根の（または類義の）語であるような目的語を**同族目的語** (cognate object) と言う。文型は，SVO 型に属する。この構文では，(1)-(4) のように自動詞が他動詞的に用いられることもある点に注意。O には通例形容詞が付く。

(1) Pete **lived** *a happy life*. （ピートは幸福な生涯を送った）

(2) Cindy **laughed** *a merry laugh*.
（シンディーは楽しそうに笑った）

(3) Ross **dreamed** *a strange dream*.
（ロスは奇妙な夢を見た）

(4) Bert **died** *a heroic death*. （バートは英雄らしく死んだ）

(5) They **fought** *a good fight*. (彼らは善戦した)
(6) **Sing** *a song of sixpence*. (6ペンスの歌を歌え)

次例は，目的語が動詞の類義語の場合である。

(7) Paula **wept** *silent tears*. (ポーラは黙って涙をこぼした)
(8) I can **fight** *my own battle*. (私は自分で戦えます)

同族目的語が落ちて，最上級の形容詞のみが残っている例もある。

(9) He **breathed** *his last* (breath).
 (彼は最後の息を引き取った)
(10) The gale **blew** *its hardest* (blow).
 (疾風はこの上もなく強く吹いた)

他動詞出身の同族目的語は，受動化ができる。

(11) A beautiful song **was sung** by Mary.
 (美しい歌がメアリーによって歌われた)
(12) His last fight **was fought** in that home.
 (彼の最後の戦いは，その家で戦われた)

同族目的語は，主に書き言葉で使用され，話し言葉では，通例，副詞語句で置き替えられて，SV 型の文になる。ただし，このとき，意味の違いが生じることがあるので注意を要する。

(13) Jim died a miserable death. = Jim died miserably.
(14) Cindy sang a beautiful song. ≠ Cindy sang beautifully. [sang a beautiful song は歌が美しいのであり，sang

beautifully は歌い方が美しいのである]

　日本語にも,「歌を歌う,舞を舞う,雷(＜神鳴り)が鳴る」など以外に,次のような有標 (marked) の同族目的語の例がある。

(15)　和尚は悪魔の笑いを笑った。　　　　　　　　　(Google)
(16)　校庭の樹蔭で,書物で顔を覆って,爽やかな青春の眠りを眠った。　　　　　　　　　　　　　　　(井上靖「青葉」)

7.8.　動詞不変化詞結合

　次のような,動詞不変化詞結合 (verb-particle combination) も一つの他動詞として扱われるので,文型は SVO 型になる。動詞不変化詞結合は,通例,英語本来の基本動詞 (*eg* do, get, go, let, look, make, put, run, take, turn, work, etc.) に,不変化詞 (particle) (＝at, down, for, in, off, out, over, to, up, with などの短い副詞や前置詞) を組み合わせて,統語的・意味的に一つにまとまった動詞句として使用するもので,最近では,動詞不変化詞結合をおしなべて「**句動詞**」(phrasal verb) と呼ぶことが一般化してきた。「句の構造をもった一つの動詞」という意味で,最も適切な名称と思われる。動詞不変化詞結合は,大きく,次の4種類に分類できる。大半のタイプは,非常に生産的で,英語の活力と柔軟性に寄与している。

(1)　John **called up** (＝phoned) *the man*.
　　　(ジョンは,その男に電話を掛けた) [句動詞]
(2)　I will **look into** (＝investigate) *this matter*.

(この件を調べてみよう)〔前置詞付き動詞〕

(3) I can't **put up with** (=tolerate) *that fellow*.

(あの男には我慢ができない)〔前置詞付き句動詞〕

(4) They **took advantage of** (=overreached) *John's ignorance*. (彼らはジョンの無知につけ込んだ)〔複合動詞〕

get away (逃げる), get on (暮らしていく) のように,「自動詞＋副詞」の結合で, 自動詞として働くものは, 第3章「SV型」で扱った。

動詞不変化詞結合の大部分が, 一つの他動詞の機能を果たしていることは, 上で見たように, (i) 一つの他動詞で置き替えられることと, (ii) 受動文に変形できることによって明らかである。

(5) The man **was called up** (by John).

(その男は (ジョンに) 電話を掛けられた)

(6) **I was called on** (by John) yesterday.

(私はきのう (ジョンの) 訪問を受けた)

call on タイプと call up タイプの区別

両タイプには, 次のような統語的な違いがある (on は前置詞, up は副詞)。

① 目的語が名詞句の場合：call on タイプでは, (7b) 文のように目的語の名詞句を前置詞の前に回すことができないが, call up タイプでは, (8a, b) 文のように, 目的語の名詞句を副詞の前後いずれにも置くことができる。

(7) a. **I called on** John today.

(私はきょうジョンを訪問した)

b. *I **called** John *on* today.

(8) a. I **called up** John today.

（私はきょうジョンに電話をかけた）

b. = I **called** John **up** today.

② 目的語が代名詞の場合：call on タイプでは，(9b) 文のように代名詞目的語を前置詞の前に置くことはできないが，call up タイプでは，(10a) 文のように，代名詞目的語は必ず副詞の前に置かなければならない。

(9) a. I **called on** him today.　（彼をきょう訪問した）

b. *I **called** him **on** today.

(10) a. I **called** him **up** today.　（きょう彼に電話した）

b. *I **called up** him today.

再分析

ところで，「自動詞＋前置詞」を他動詞として分析することを**再分析** (reanalysis) と言う。(11a) は自動詞としての分析, (11b) は他動詞としての分析である。

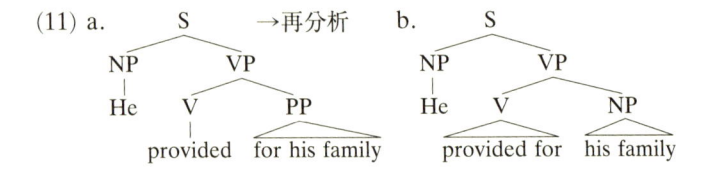

(11) a.
```
        S              →再分析
       / \
      NP  VP
      |   /\
      He V  PP
         |  /\
    provided for his family
```
b.
```
        S
       / \
      NP  VP
      |   /\
      He V  NP
         |   |
    provided for  his family
```

再分析によって受動化が可能な句動詞でも，なおも自動詞的性格をとどめているものも少なくない。

(12) a. His family has **been** well **provided for**.
   (彼の家族は十分に扶養されてきた)

   b. **For** his family he has **provided** well.
   (彼の家族を彼は十分に扶養してきた)

   c. The family **for** which he has **provided** well enjoy music. (彼が十分に扶養してきた家族は,音楽が好きだ)

(12a) は,受動化によって他動詞性を示しているのに対して,(12b, c) では provide は自動詞性を示している。

一方,get at (... をしかる) のような句動詞は,他動性が強いので,(13b, c) の構文をもたない。

(13) a. John *is got at* frequently by his wife.
   (ジョンはたびたび妻にしかられる)

   b. *At the husband she frequently *gets*.

   c. *The husband **at** whom Mary **gets** frequently.

take off his coat と take his coat off との情報構造的相違

take off (脱ぐ) のような句動詞の目的語には,次の二つの語順があるが,両者は厳密には同義ではない。

(14) Mike $\begin{cases} \text{a.} & \textbf{took off } \textit{his coat.} \\ \text{b.} & \textbf{took } \textit{his coat} \textbf{ off.} \end{cases}$

(14a) は What did Mike take off? (マイクは何を脱いだのか) に対する答えで,(14b) は What did Mike do to his coat? (マイクはコートをどうしたのか) に対する答えである。すなわち,前者では his coat が新情報,後者では took off が新情報である。

O が人称代名詞の場合は，次の (15a) の語順しか許されない。人称代名詞は，定義上，旧情報を担うものだから，新情報を担う要素のくる文末には置けないのである。

(15) a.　Bob **put** *it* **out**.　（ボブはそれを消した）
　　 b.　*Bob **put out** *it*.

ただし，this/that のような指示代名詞の場合は，

(16)　Bob **put out** *this/that*.　（ボブはこれを／あれを消した）

の語順も可能である。指示代名詞の指示物 (referent) は，新情報を担うことができるからである。

不変化詞の 2 用法

不変化詞の中には，off, on, over のように，句動詞にも前置詞付き動詞にも利用されるものが多い。その場合，通例，意味の違いがある。たとえば，

(17) a.　He **got** *the idea/it* **over**.
　　　　（彼はその考え／それを伝えた）［句動詞］
　　 b.　He **got over** *the idea/it*.
　　　　（彼はその考え／それを忘れた）［前置詞付き動詞］

「〈車やドライバーが〉〈人や動物を〉轢く」という意味の run over の場合はどうだろうか。

(18) a.　The car *ran* him *over*.　（車が彼を轢いた）［句動詞］
　　 b.　The car *ran over* him.　（同上）［前置詞付き動詞］

〈英〉では，(18a, b) どちらの構文も使用されるが，〈米〉では普通 (18b) しか使用しない。ただし，この構造は，通例，受け身で使用されるので，その場合は，タイプの違いは中和 (neutralize) されてしまう。

(19) Two children *were run over* and killed.
　　　（子どもが二人轢かれて死んだ）

NB 1 イディオム性が高いもの，言い替えれば，動詞と副詞の結びつきが緊密なもの (*eg* give up = abandon) には，たとえ句動詞であっても，副詞を NP 目的語のあとに置きにくいものがある。
  a. He had *given up* hope.　（彼は絶望した）
  b. ?He had *given* hope *up*.

NB 2 次の誇張表現的句動詞では，副詞は常に NP 目的語のあとに置かれる，と Quirk et al. (1985: 1155) は言う。
  a. I was *crying my eyes out*/*crying out my eyes.
　　　（私は目もつぶれるほど泣いていた）
  b. He was *laughing his head off*/*laughing off his head.
　　　（彼は頭がちぎれるほど笑っていた）
  c. She was *sobbing* her heart *out*/*sobbing out her heart.
　　　（彼女は，胸もつぶれるほど泣きじゃくっていた）

これらは，しかし，句動詞というよりも，「結果構文」(131ページを参照) で，動詞が使役動詞化されているので，上のタイプとは厳密に区別しなければならない。

NB 3 be fed up/be run down などは，普通，受動態で使われる。
  a. I *am fed up* with you.　（君にはうんざりした）
  b. I've *been run down* recently.　（最近体力が衰えてきた）

make an example of のタイプ

このタイプは，二とおりの受動態の可能性がある。成句中の目

的語を主語として受動文を作れば，次の (a) 文が得られ，成句全体を一つの複合動詞と見るなら，(b) 文のような略式体の受動文が得られる。(b) 文が可能になるためには，句全体の結びつきが緊密でなければならない。

(20) a. **An example** will **be made of** the next offender.
  b. The next offender will **be made an example of**.
  （次の違反者を見せしめにしてやろう）

(21) a. **Advantage was taken of** John's inexperience.
  b. John's inexperience **was taken advantage of**.
  （ジョンの経験不足がつけ込まれた）

(22) a. **Good care was taken of** the children.
  [*care was taken of とは普通言わない；good/proper, etc. care was taken of のように形容詞が付く]
  b. The children **were taken good care of**.
  （子どもらは十分に世話された）

一方，句動詞の要素の結びつきが弱くて，特に，その内部のNPが修飾語を伴っているような場合は独立性が高いので，そのNPのみが受動文の主語になる傾向がある (Quirk et al. 1972: 848 を参照)。

(23) a. **Considerable** *allowance will be made* for special cases. （特別な事例については，かなりの手心が加えられるだろう）
  b. ?Special cases will *be made* **considerable** *allowance for*.

動詞不変化詞結合の受動化

ここで，いま一度動詞不変化詞結合の受動化に触れておきたい。この結合のうち，一つの他動詞として働くものは，受動化が可能である。

(24) Mary **was called up** by John.　［句動詞］
　　　(メアリーはジョンから電話を受けた)

(25) Mary **was called on** by John.　［前置詞付き動詞］
　　　(メアリーはジョンに訪問された)

(26) That fellow **can't be put up with**.　［前置詞付き句動詞］
　　　(あの男は，がまんならない)

(27) No one should **be made an example of**.　［複合動詞］
　　　(なんぴとも見せしめにするべきではない)

前置詞付き動詞 (prepositional verb) が受動化できるかどうかの基準は，前置詞の目的語が場所・方向などの意味に加えて，〈**受動者**〉(patient) の意味をもつに至っているか否かであるとしてよい。たとえば，次の二つの文の文法性の違いも同じ視点から説明することができる。

(28) a.　A conclusion of the whole affair **was arrived at**.
　　　　(この問題全体の結論に達した)

　　 b.　*The railway station **was arrived at**.
　　　　(*駅が到着された)

「結論」は，到達の対象になるが，「駅」は〈受動者〉ではないので，arrive at の対象にならないのである。

　make sense of (= understand), make fun of (= mock),

make a fool of (= ridicule), keep track of (= remember) のように，熟語性が非常に高いものは，(a) 文のような受動文は作りにくい。

(29) a. ***Sense** can never **be made of** this code.
   b. This code can never **be made sense of**.
   (この暗号はまるで意味がわからない)

類例：

(30) The lifeboat **was** suddenly **caught sight of**.
   (救命ボートの姿が突然見えた)
(31) I don't like **being made a fool of** in public.
   (私は人前で笑いものにされるのはいやだ)
(32) There's a chance that he will **be made fun of** at school. (彼は学校でからかわれるおそれがある)

7.9. 節形式の目的語

SVO 型の最後に，O の位置に節がくる例を考察する。

文目的語 (= 補文) は，補文標識 (complementizer) *that, wh-, for* のいずれかによって導かれる。

目的語が that 節

that 節の意味内容は，〈命題〉(proposition) である。

(1) I **think** (*that*) *he is a fool*. (彼は馬鹿だと思う)
(2) I **suppose** (*that*) *you're right*.

(たぶん君の言うとおりなんだろう)

(3) I **hear** (*that*) *you've been abroad.*
(君,外国へ行ってたんだそうだね)

(4) I **felt** (*that*) *the school wasn't doing enough* about bullying. (学校は,いじめについて十分にやっていないと感じた)

(5) Do you **doubt** (*that*) *I can do it*?
(私にはそれができないと思ってるのかい)

(6) He **admitted** (*that*) *he was wrong.*
(自分が間違っていることを彼は認めた)

(7) She **intended** *that you be*/〈英〉 *should be invited.*
(彼女は君を招くつもりだった)

(8) Magellan **proved** (*that*) *the earth is round.*
(マジェランは,地球が円いことを証明した)
[cf. That the earth is round **was proved** by Magellan. では, that は落とせない]

日常語では that は普通落とされるが,intend のような格式ばった動詞の場合,that を落とさない。

目的語が wh 節

疑問詞節をとる他動詞(know は否定文・疑問文においてのみ)は,おおむね [+question] という意味特徴をもっている。

(9) I **don't know** *who he is.* (彼がだれだか知らない)
(10) I **wonder** *what you are.* (あなたは何ものかしら)
(11) **Do** you **know** *whose car this is*?

(これがだれの車か知っていますか)

(12) I'll **ask** *when the train leaves.*

(いつ列車が出るのか訊いてみましょう)

(13) I **can't decide** *whether or not to cut/I should cut my hair shorter.*

(髪をもっと短く切るべきかどうか決めかねている)

(14) I'm still **debating** *what color to paint/I should paint the walls.* (壁にどんな色のペンキを塗るべきか，まだ思案しているところだ)

(15) The diagram **shows** *how it works.*

(図はそれがどのように動くかを示している)

7.10. 前置詞付き動詞の目的語節（SVA 型）

前置詞付き動詞が that 節を目的語としてとる場合，前置詞は，義務的に削除される。that 節の前には，前置詞は置けないからである。この構文は，SVO ではなく，SVA である（[　]内のSVA 型文と比較）。

(1) He **insisted** *that I stay/*〈英〉*should stay for dinner.*

(彼は私に夕食を食べていくようにと強く勧めた)
[= He *insisted on* my staying for dinner.]

(2) I **agree** *that it was a mistake.*

(それがまちがっていることに同意する)
[= I *agree to* its being a mistake.]

(3) She **complained** *that she had been underpaid.*

(彼女は自分は十分な給料をもらっていないと不平を言った)

[= She *complained of* having been underpaid.]

(4) He **boasts** that he is a famous player.

(彼は自分は有名な選手だと自慢している)

[= He *boasts of* being a famous player.]

ただし，形式目的語 it を使用すれば，前置詞は消えない（SVA型）。

(5) I will **see** (**to** *it*) *that the work gets done right away*.

(早速仕事を片づけてしまうように計らいます)

(6) You may **depend on** *it that she will join us*.

(彼女はきっと仲間になってくれるさ)

(7) I can **answer for** *it that this man is honest*.

(この人が正直なのは請け合います)

[= I can *answer for* this man's honesty.]

(8) Can you **swear** (**to** *it*) *that she is innocent*?

(彼女が無実だとあなたは誓えますか)

[cf. I *swear to* God.]

目的語が wh 節の場合は，前置詞は残してもよいが，略式体では通例省略される（SVA 型）。

(9) They couldn't **agree** (**about**) *who should do the work*. (彼らは，だれがその仕事をするかについて意見が合わなかった)

(10) We couldn't **decide** (**on**) *where to go for a picnic*.

(どこへピクニックに行くべきか，決まらなかった)

(11) Everything **depends** (**on**) *whether he will help us*.

(一切は彼が援助してくれるかどうかにかかっている)

(12) Just **look** (**at**) *how you're dressed*!
(自分がどんな身なりをしているか，まあ見てごらん)

前置詞付き動詞のうち他動詞として働くものは，不定詞節を目的語としてとることができる (cf. Jespersen 1922: 118)。不定詞節は，命題ではなく，事象 (event) を表す（文型は SVO 型，[ ] 内が O)。

(13) Everyone **would prefer for** [*you to come early*].
(だれもがあなたが早く来るほうがいいと思うでしょう)
[=prefer you to come early]

(14) We're **waiting for** [*the bus to come*].†
(私たちはバスが来るのを待っているところだ)

(15) I'm **hoping for** [*John to come*]. 〈米口〉
(ジョンが来るのを願っている) [=want John to come]

(16) I'll **arrange for** [*a taxi to meet you at the station*].
(タクシーがあなたを駅で出迎えるよう手配しましょう)
[=order a taxi to meet ...]

(17) Everyone **is longing for** [*the holidays to begin*].
(みんな休みが始まるのを待ちわびている)

(18) She **appealed to** [*the children to make less noise*].
(彼女は子どもらにもう少し静かにしてくれと頼んだ)
[=begged the children to make ...]

(19) Mary **pleaded with** [*her husband to give up the plan*].
(メアリーは，夫にその計画をやめてほしいと頼んだ)
[=urged her husband to give up ...]

---

† the bus *for* which I am *waiting* という構造の waiting は，自動詞用法 (p. 57 の例 (12) 参照)。

前置詞付き動詞の中には，上で見るように，一つの他動詞で置き替えられるものもある。また，受身形が可能なのも，他動詞的に働いている証拠である。

(20)　This game has **been** long **waited for** by many people.
　　　（このゲームは，長いこと多くの人々が待ちもうけていた）

8 SVOO 型

8.1. give 型動詞と buy 型動詞

SVOO 型をとる動詞は，give (x, y, z)「**x が y に z を与える**」とか，buy (x, y, z)「**x が y に z を買ってやる**」というように，主語のほかに二つの目的語をとる 3 項動詞 (three-place verb) である。このとき，⟨y に⟩を**間接目的語** (indirect object, IO)，⟨z を⟩を**直接目的語** (direct object, DO) と呼ぶ。IO は通例「人」を表し，DO は通例「物」を表す。これを次のように図示できる。

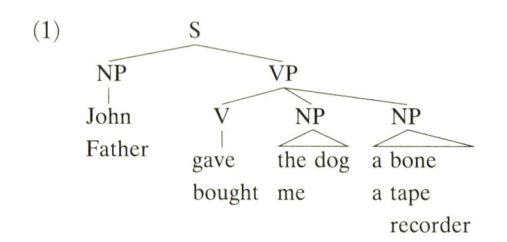

(1)
```
              S
         /        \
       NP          VP
        |       /  |   \
      John    V   NP    NP
      Father  |   /\    /\
            gave the dog a bone
            bought me   a tape
                        recorder
```

SVOO 型をとる動詞は，**授与／与格動詞** (dative verb) と呼ばれ，大きく，give 型と buy 型に分かれる。

give 型動詞

この型に属する動詞: give, allow, deny, grudge, hand, leave, lend, offer, owe, pay, read, send, show, tell, write, etc.

(2) Mary **blew** *him* a kiss.
（メアリーは彼に投げキスをした）

(3) John **gave** *the dog* a bone.
（ジョンはその犬に骨を与えた）

(4) My uncle has **sent** *me* this watch.
（おじさんが私にこの時計を送ってくれた）

(5) He **told** *everybody he saw* the news.
（彼は会う人ごとにそのニュースを話した）

(6) John **handed** *Mary* a letter.
（ジョンはメアリーに手紙を手渡した）

(7) I **paid** *them* a visit.
（私は彼らを訪問した）

(8) Jim **denied**/**grudged** *his wife* nothing.
（ジムは妻には何一つ惜しまなかった）[deny = not give]

(9) His uncle **left** *him* a large fortune.
（おじは彼に大そうな財産を残した）

(10) I will **read** *you* the letter.
（その手紙を読んであげるよ）

(11) I **owe** *my brother* $10.
（兄に 10 ドル借りている）

(12) He **allows** *himself* many luxuries.
（彼は自分に多くの贅沢品を許している）

(13) Will you **pass** *me* the salt, please?
(塩を回してくださいませんか)

(14) The children proudly **showed** *me* their presents.
(子どもたちは, 誇らしげに私にプレゼントを見せた)

(15) Can you **teach** *me* one of your card tricks?
(あなたのトランプの手品を一つ教えてくれませんか)

これらの動詞に伴う IO は, 〈着点〉(goal), より厳密には〈受領者〉(recipient) を表すので, *to*-phrase で書き替えることができる (ただし, その場合は, 文型が変わって, 次章で扱う SVOA 型となる)。

(16) Mary **blew** a kiss *to him*.
(メアリーは, 彼に投げキスをした)

(17) Could you **pass** the salt *to me*?
[pass me the salt よりも〈まれ〉]

buy 型動詞

この型をとる動詞: build, buy, call, choose, earn, find, get, keep, make, order, read, save, etc.

(18) Father **bought** *me* a tape recorder.
(父はぼくにテープレコーダーを買ってくれた)

(19) Every Mikado **built** *himself* a new palace in a fresh locality. (代々の天皇は, 新しい場所に新宮殿を建てた)

(20) Mother will **make** *me* a new dress.
(母さんは新しいドレスを作ってくれるでしょう)

(21) Would you please **call** *me* a taxi?

(タクシーを呼んでいただけませんか)

(22) Would you **do** *me* a favor?
(お願いを聞いていただけますか)

(23) His success **earned** *him* respect and admiration.
(彼は成功して尊敬と賞賛を浴びた)

(24) Bill **found** *me* a good seat.
(ビルがいい席を見つけたくれた)

(25) John **ordered** *himself* a bottle of wine.
(ジョンは(自分のために)ワインのボトルを注文した)

(26) Can you **spare** *me* a few minutes?
(4, 5分割いてくださいませんか)

(27) I **left** *the dog* some bones.
(犬に骨を残してやった)

(28) Please **save** *me* some coffee.
(コーヒーを残しておいてね)

(29) Your help **saved** *me* a lot of work.
(君が助けてくれたので、ずいぶん手間が省けた)

(30) She **chose** *her husband* a red tie.
(彼女は夫のために赤いネクタイを選んであげた)

buy 型動詞に伴う IO は、〈受益者〉(benefactive) を表すので、*for*-phrase で書き替えることができる(この場合も、文型が変わって、SVOA 型となる)。

(31) a. She **chose** *her husband* a red tie. (同上) [SVOO]
   b. She **chose** a red tie *for her husband*. [SVOA]

NB SVOO 型と SVOA 型とは,同じ環境で交換可能ではない。文型も異なるし,新情報の焦点 (focus) に関しても相違が見られるからである。たとえば,次の a. の文は,c. に答える文であるが,b. は,d. に答える文である。

a. Mary gave the child *a doll*.
b. Mary gave a doll *to the child*.
c. *What* did Mary give the child?
   (メアリーはその子に何を与えたのか)
d. *Who* did Mary give a doll to?
   (メアリーはだれに人形を与えたのか)

つまり,a. では,a doll が新情報の焦点であり,b. では,the child が新情報の焦点になっている (つまり,通例,文末の要素が新情報の焦点となる)。

buy 型についても,同じことが言える。それぞれ,文末の斜体部分が新情報を伝えている。

e. Please save me *some coffee*.
f. Please save some coffee *for me*.

また,DO が it の場合,SVOO 型に書き替えることはできない。

g. I gave it to Mary. (メアリーにそれを与えた)
h. *I gave Mary it.

それは,定義上旧情報を担っている定代名詞 it が,新情報の焦点 (focus) の位置に置かれているからである。

8.2. 節形式の直接目的語

ask, tell, show, teach など,情報を求めたり与えたりする give 型動詞は,直接目的語 (DO) として文目的語 (sentential object) をとることができる (§ 10.11 も参照)。

that 節

(1) I'll **show** *you* that I'm right.

(私の言うとおりだということをお見せしよう)

(2) His religion **teaches** *him* that war is wrong.
(彼の宗教は，戦争はまちがっていると教えている)

wh 節

(3) **Show** *me* how this machine works.
(この機械がどのように動くのか見せてください)

(4) John **told** *us* what had happened.
(ジョンは何が起こったか話してくれた)

(5) Mary **asked** *me* where my wife was.
(メアリーは奥さんはどこにいるか，と私に尋ねた)

(6) Can you **tell** *me* if the plane will leave on time?
(飛行機は時刻どおりに飛ぶのかどうか教えていただけませんか)

wh + *to* 不定詞

(7) I **told** *John* where to go.
(私はジョンにどこへ行くべきか告げた) [= where he should go]

(8) He **taught** *her* how to do it.
(彼は彼女にそのやり方を教えてあげた) [= how she should do it]

(9) I **asked** *John* what to do.
(ジョンに何をしたらいいのか尋ねた) [= what I should do]

この場合，[ ]内の書き替えから明らかなように，tell, teach の補文中の不定詞の意味上の主語は，目的語と同一指示的（＝同じものを指す）であるが，ask の場合は，主語と同一指示的になる点に注意。

NB SVOO 型をとる動詞は，古期英語 (OE) 系の1音節の動詞が多いけれども，その類推 (analogy) から，administer, guarantee, prescribe, present, recommend などのラテン語系の動詞が使用されている場合もあるが，このうち，OALD[7] が認めているのは，guarantee のみである。この辞書が認めていないような動詞は，SVOO 型で使用しないほうが無難である。

 a. These days getting a degree doesn't **guarantee** *you* a job.
  (当節は，学位を取得しても仕事にありつけることが保証されるわけではない)

 b. Mr. Weston **recommended** *me* a wife.
  (ウェストンさんが私に妻を薦めてくれた) [recommended a wife to me が普通]

8.3. その他の SVOO 型

ここでは，そのほかの SVOO 型をとる動詞を考察する。

まず，*ask* の場合，IO が〈起点〉(source) を表しているので，前置詞句への書き替えは of (... から) を要求する。

(1) a. Could I **ask** *you* a question? →
 b. Could I **ask** a question *of you*? [(a) よりもまれ]
  (ひとつ質問してもよろしいですか)

(2) a. May I **ask** *you* a favor? →
 b. May I **ask** a favor *of you*? [(a) と同様に普通]
  (ひとつお願いをしてもよろしいでしょうか)

しかし，Ask him his name. (彼の名前を訊いてみなさい) を *Ask his name *of* him. に変えることはできない。

なお，動詞によっては，SVOA 型への書き替えに際して，その

意味に応じて，特異 (idiosyncratic) な前置詞をとるものがある。

(3) a. John **played** *us* a trick. 〈まれ〉 →
    b. John **played** a trick *on us*.
       (ジョンは私たちをペテンにかけた)
(4) a. John **played** *Max* three games of chess. →
    b. John **played** three games of chess *with Max*.
       (ジョンはマックスとチェスのゲームを3回した)
(5) a. He **bears** *me* a grudge. →
    b. He **bears** a grudge *against me*.
       (彼は私に恨みをいだいている)

NB 次のような SVOO 型の文も他の構文への書き替えを許さない。多分にイディオマティックな表現だからである。
  a. It **cost** *us* a million dollars to build the museum.
      (博物館建設に百万ドルかかった)
  b. I'll **keep** *you* company while you're waiting.
      (君が待っている間ぼくもつきあうよ)
  次の例の a long walk は，for a long walk という意味の A である。
  c. He **took** *his dog* a long walk.
      (彼は犬を遠道の散歩に連れていった)

8.4. Mary gave John a kiss. のタイプ

次の諸例は，SVOO 型の文型をとっているにもかかわらず，*to*-phrase への書き替えができない。それは，なぜだろうか。

(1) He **gave** *me* a push. [= He pushed me.]
    (彼は私を押した)

(2) We **gave** *the baby* a bath.　[= We bathed the baby.]
（私たちは赤ん坊を湯浴みさせた）

(3) Alice **gave** *the door* a kick.　[= Alice kicked the door.]
（アリスはドアをけった）

(4) He **gave** *the room* a good airing.　[= aired the room]
（彼はその部屋を十分換気した）

(5) She **gave** *her hair* a good brushing.　[= brushed her hair]　（彼女は髪に十分ブラシをかけた）

(6) Mary **gave** *John* a kiss.　[= Mary kissed John.]
（メアリーはジョンにキスした）

(7) You never **gave** *the matter* a thought.　[= considered the matter]　（君は一度もそのことを考慮したことがない）

(8) I **gave** *John* a call.　[= I called John.]
（私はジョンに電話した）

(9) Mary **gave** *John* a piece of her mind.　[= Mary scolded John.]　（メアリーは，ジョンをしかりつけた）

つまり，give a push は，他動詞 push と等価の複合動詞として働いており，me は間接目的語ではなく，直接目的語になっている。したがって，二重目的語の場合のように，動詞の直後にある名詞句を to 句に書き替えることはできないのである。このタイプの特徴は，(3), (4), (5), (7) のように，IO として物目的語をとることがある点である。

(10) a.　I gave *Mary* a nudge.
　　　　（メアリーをひじで軽くつついた）
　　b.　*I gave a nudge *to Mary*.

この構文に現れる目的語を Quirk et al. (1985) は,やや不適切に**受動者間接目的語** (affected indirect object) と呼んでいる。間接目的語がなぜ不適切かと言えば,IO は,意味的には直接目的語だからである。

8.5. They dismissed him the society. のタイプ

このタイプは,普通,SVOO 型と見られているようであるが,(a), (b) 文において目的語の移動は起こっていない。これらの文では,それぞれ,(b) 文が基本文(文型は SVOA 型)で,前置詞の削除によって (a) 文が派生したと説明される。[　]内の文で見るように,いずれも受動文に変えれば前置詞が復活する。

(1) a.　Alice forgave Jim his rudeness.
　　b.　Alice forgave Jim **for** his rudeness.
　　　　(アリスはジムの無礼を許した)
　　　　[cf. Jim was forgiven **for** his rudeness.]

(2) a.　We have excused Mary the fee.
　　b.　We have excused Mary **from** the fee.
　　　　(私たちはメアリーの謝金を免除している)
　　　　[cf. Mary has been excused **from** the fee.]

(3) a.　They dismissed him the society.
　　b.　They dismissed him **from** the society.
　　　　(彼らは彼を社会から追放した)
　　　　[cf. He was dismissed **from** the society.]

(4) a.　The king banished him the realm.
　　b.　The king banished him **from** the realm.

(国王は彼を国から追放した)
[cf. He was banished **from** the realm.]

8.6. 二重直接目的語

次の各文は，SVOO 型であるが，二つの目的語 (O) がどちらも直接目的語として働いていると考えられる。

(1) I struck *him* a heavy blow.
　　(彼をしたたか殴りつけた)
　　[＜I struck him. × I struck a heavy blow.]

(2) I envy *you* your beauty.
　　(あなたの美しさが羨ましい)
　　[＜I envy you. × I envy your beauty.]

(3) Answer *me* this question.
　　(この質問に答えてください)
　　[＜Answer me. × Answer this question.]

(4) Hear *me* one word.
　　(ひとこと聞いてください)
　　[＜Hear me. × Hear one word.]

これらを二つの DO を含む文と見る根拠は，二つある。第 1 に，John gave Mary a book. のような授与動詞の場合は，*John gave Mary. とか，*John gave a book. とかのように，二つの文に分解することができない。

第 2 に，これらの文型は，授与動詞のように，to, for による書き替えができない。

9　SVOA型

9.1.　3項動詞

　動詞の中にはS, OのほかにAを補部として要求するものがある。たとえば，putという動詞は，put(x, y, z)「**xがyをzに置く／入れる**」のような項構造をもつ3項動詞 (three-place verb) である。いかなる言語においても，x, y, zという三つの参与項 (participant) が揃わないと，「put／置ク」という行為は成立しないのである。その意味で，項構造は言語普遍的である。

(1)　John **put** *the car* in the garage.
　　　（ジョンはガレージに車を入れた）
　　　[cf. *John put the car./*He put in the garage.]

次のgive, makeについても同じことが言える。

(2)　She **gave** *the book* to me.
(3)　Mother **made** *an omelet* for me.

これらの文の構造を図示すれば，次のようになる。

(4)
```
            S
          /   \
        NP     VP
        |    / |  \
       John V  NP  PP
       She  |  |   |
     Mother put the car  in the garage
           gave the book to me
           made an omelet for me
```

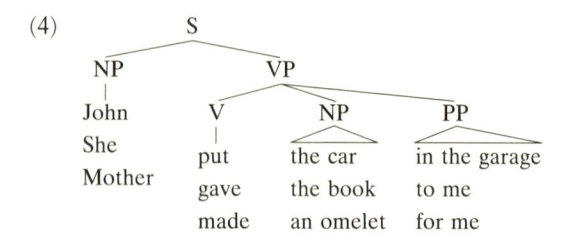

この文型をとる3項動詞は多種多様であるから、ここでは、主要なものを示すにとどめる。

9.2. give 型動詞と buy 型動詞

give 型や buy 型が to 句や for 句で書き替えられた構文は、もはや SVOO ではなく、SVOA である。このとき、She **gave** me *the book*. の構文を「**二重目的語構文**」(double object construction)、She **gave** *the book* to me. の構文を「**与格構文**」(dative construction) と言って、区別することがある。

give 型動詞

give 型動詞では、〈着点〉(goal) を表す A が *to*-phrase として現れる。

(1) They **awarded** *the first prize* to John.
   (彼らは1等賞をジョンに授与した)

(2) Ted won't **lend** *money* to anyone.
   (テッドはだれにも金を貸そうとしない)
   [anyone を降昇調 (\↗) で発音すれば、「だれにも貸さないわけではない」という意味を表す]

(3) They **offered** *the job* to John.
（彼らはジョンにその仕事を提供した）

(4) I **owe** *five dollars* to my brother.
（兄に 5 ドル借りている）

(5) The quarterback **passed** *the ball* to Guy.
（クォーターバックは，ガイにボールをパスした）

(6) I **paid** *a visit* to them.
（私は彼らを訪問した）

(7) Nora **read** *a fairy tale* to the children.
（ノラは子どもたちにおとぎ話を読んでやった）

(8) I **sent** *a birthday card* to Jane.
（私はジェーンにバースデーカードを送った）

(9) He **sold** *his old car* to one of his neighbors.
（彼は自分の古い車を隣人の一人に売った）

(10) He **told** *jokes* to all of us.
（彼は私たちみんなにジョークを言った）

(11) Don't **show** *the letter* to any of your friends.
（この手紙は君の友人のだれにも見せないでくれ）

(12) She **wrote** *a long letter* to her lover.
（彼女は恋人に長い手紙を書いた）

NB 次の二つの文を比較されたい。
 a. He sent a book *to Beth/London*.
 b. He sent *Beth/*London* a book.

a. の文では to Beth/London は，ともに〈着点〉を表すので文法的であるのに対して，*b.* の London が非文法的なのは，場所は〈受領者〉(recipient) になれないからである。

buy 型動詞

buy 型動詞は，〈受益者〉(benefactive) を表す A が *for*-phrase として現れる。

(13) I've **bought** *some chocolate* for you.
（あなたにチョコレートを買ってあげたよ）

(14) She **chose** *a red dress* for her daughter.
（彼女は娘のために赤いドレスを選んでやった）

(15) Mother **made** *an omelet* for me.
（母さんは私にオムレツを作ってくれた）

(16) I **got** *a camera* for my son.
（息子にカメラを買ってやった）

(17) Won't you **play** *a Beethoven sonata* for me?
（ベートーヴェンのソナタを演奏してくださいませんか）

(18) The mailman **has left** *this package* for you.
（郵便配達人がこの小包を置いていきました）

(19) **Cash** *this check* for me, please.
（この小切手を現金にしてください）

(20) Will you **bring** *today's paper* for me?
（きょうの新聞，持ってきてくれませんか）

(21) Your help **saved** *a lot of work* for me.
（君が助けてくれたのでずいぶん手間が省けた）

NB 1 buy 型動詞で使われる *for*-phrase は，A であるから文型に関与するが，次の文に現れる *for*-phrase は，M（修飾語）なので文型に関与しない。

a. Jesus died for us.
（イエスは，われわれのために死にたもうた）

 b. I'll do it for you. （私がしてあげます）
 c. Last night you ruined my life for me.
  （ゆうべ，あなたは私の人生をめちゃめちゃにしてくれたのです）
 d. I'll smash your sissy-face for you!
  （おまえのいくじなしの顔をぶんなぐってやるぞ）

NB 2 bring の場合，to と for の両方が生起可能だが，意味が異なる。to の場合は give 型，for の場合は buy 型である。

 a. Bring a glass of water for me.
  （(私のために) 水を1杯持ってきておくれ）
 b. Bring it to me.
  （(私のところへ) それを持ってきておくれ）

当然，to と for との共起も可能である。

 c. Bring a towel *to her* for me.
  （彼女にタオルを持ってきてやっとくれ）
  [to her は A, for me は M]
 d. Say hi *to Sam* for me when you see him.
  （サムに会ったら，よろしく言ってください）

NB 3 leave も，to と for のどちらとも共起するが，やはり，意味が異なる。to は give 型で，「（財産などを）残して死ぬ」，for は buy 型で「（物を）取っておく」の意味。

 a. Her uncle **left** a great amount of money to/*for her.
  （彼女のおじは巨額の金を彼女に残して死んだ）
 b. I **left** some cake for/*to my daughter.
  （娘のためにケーキを取っておいた）

9.3. 移動動詞

 移動動詞 (verbs of movement) は，通例，場所または方向の前置詞句 (A) をとり，「**x が y を z に移動させる**」という構造的意味を表す。z は通例，〈着点〉(goal)。

(1) Roy **put** *the key* in the lock.
    (ロイは錠に鍵を差し込んだ)
(2) Jill **hung** *a picture* on the wall.
    (ジルは壁に絵を掛けた)
(3) Father **took** *me* to the zoo.
    (父さんが動物園に連れていってくれた)
(4) Don't **get** *the girl* into trouble.
    (その娘をごたごたに巻き込んじゃいけない)
(5) Nobody **paid** *any attention* to him.
    (だれも彼に注意を払わなかった)
(6) Please **convey** *my regards* to your mother.
    (お母さんによろしくお伝えください)
(7) I **put** *the question* to him.
    (彼にその質問をした)
(8) Let's **move** *the table* to the center.
    (テーブルを中央に動かそう)
(9) The secretary **showed** *me* into the manager's office.
    (秘書は私を支配人の部屋へ案内した)

9.4. 告知動詞

告知動詞 (notice verbs) も，「x が y を z に伝える」という構造的意味をもつ3項動詞である。

(1) She **speaks** *German* to her husband.
    (彼女は夫にドイツ語を話す)

(2) I **explained** *my difficulty* to him.
（彼に自分の苦境を説明した）

(3) He **admitted** *his guilt* to the police.
（彼は警察に自分の罪を認めた）

inform, *notify*（通知する）, *remind*（思い出させる）, *apprise*/*advise*〈格式語〉（通知する）は，「＋人＋about/of（事柄）」の構造をとる（*of* はやや堅いので，apprise/advise は of のみをとる）。

(4) He **informed** *me* about/of his father's death.
（彼は父親の死を私に知らせてくれた）

(5) But this room **reminds** *me* about/of Charlotte.
（でも，この部屋を見ると，シャーロットのことを思い出す）

(6) He **notified** us about/of his new address.
（彼は自分の新住所を知らせてくれた）

(7) Please **advise** *us* of any change of address.
（住所の変更があればご通知ください）

告知動詞の y が命題を表す場合は，節形式で現れる。that 節の前では about/of が義務的に落ち，wh 節の場合は about/of の省略は随意的。このとき，that/wh 節は A である。

(8) Please use this form to **notify** *us* that you have found a job. （この書式を使って，あなたが職を見つけたことをお知らせください）

(9) Did you **remind** *him* that he had not yet returned that book?
（彼がまだあの本を返していないことを注意してくれましたか）

(10) He didn't **inform** *me* (about) how to solve the problem. (彼はその問題の解き方を私に知らせなかった)

9.5. 種々の前置詞句の例

次に, A が種々の前置詞句の例を挙げてみよう。動詞ごとに特異な前置詞をとることがわかる。

(1) I **congratulated** *John* on his success.
(私はジョンの成功を祝した) [~~congratulated his success~~]

(2) She **carried** *herself* with grace.
(彼女は立ち居ふるまいが優雅だった)

(3) I can't **pass** *an opinion* on your work without seeing it. (君の作品を見ないで意見を述べることはできない)

(4) We can't **prevent** *Pat* from marrying Bill.
(パットがビルと結婚するのを妨げることはできない)

(5) **Thank** *you* for your kindness.
(ご親切ありがとう)

(6) Nobody **accuses** *you* of lying.
(だれも君がうそをついたなんて責めてはいない)

(7) He **spends** *a lot of money* on records.
(彼はレコードにたくさんの金をかける)

(8) **Compare** *the copy* with the original.
(コピーとオリジナルとを比べてみなさい)

(9) Shakespeare **compared** *sleep* to death.
(シェイクスピアは, 眠りを死になぞらえた)

(10) Bill **played** *a trick* on his brother.
(ビルは弟をぺてんにかけた)

次の構文も，SVOA 型に属する。

(11) John **struck**/**impressed** *me* favorably/as sincere.
(ジョンは私に好印象を与えた／誠実だという印象を私に与えた)

(12) John **worded** *the letter* carefully.　[*He worded the letter.]　(ジョンは，その手紙を慎重なことばで書いた)

(13) The job **paid** *us* handsomely.　[*The job paid us.]
(その仕事はたんまり儲かった)

(14) Chris **regarded** *him* coldly.　[*Chris regarded him.]
(クリスは彼を冷やかに見やった)

9.6. 重い目的語の外置

SVOA 型の O が長い名詞句，または that 節の場合は，**文末重心** (end-weight) の原理により，文末に後置 (extrapose) される。t は，目的語が元あった位置を表す痕跡 (trace)。

(1) I've **sent** *t* to my lawyer *every letter I ever received*.
(これまでに受け取ったすべての手紙を弁護士に送った)
[cf. send a letter to my lawyer]

(2) He **spends** *t* on books *much more than he spends on clothes*.　(彼は衣服よりも本にずっと多くの金をかける)
[cf. spend money on books]

(3) He **confessed** *t* to me *that he had fallen in love with*

Pat. (パットに恋してしまった，と彼は私に告白した)
[cf. confess it to me]

(4) I can't **express** *t* to you *how happy I am now.*
(いまどんなにうれしいか，言葉で言い表すことはできない)

(5) He **admitted** *t* to himself *that he was in the wrong.*
(彼は自分がまちがっていることを自ら認めた)

(6) Bill **reported** *t* to the police *that there had been a robbery.* (ビルは強盗事件があったと警察に知らせた)

(7) Finally, let me **introduce** *t* to you *two more aphorisms.* (最後に，もう二つ警句をご紹介しましょう)

it を形式目的語として利用し，重い名詞句を文末に回す場合もある。

(8) I must **leave** *it* to economists *to say how much they have learnt from his account.* (彼の話から彼らがどれだけ学んだかは，エコノミストに任せなければならない)

(9) People **owe** *it* to society *to stop misbehaving.*
(人びとは非行をやめる義務を社会に負うている)

(10) I **owe** *it* to you *that the jury acquitted me.*
(陪審が私を無罪にしてくれたのは，あなたのおかげです)

(11) Why don't you **bring** *it* to his attention *that you're too ill to go on working?* (君は病気が重くて働きつづけられないということに彼の注意を促したらどうか)

(12) I **put** *it* to you *that you were not there at the time.*
(あなたは当時そこにいなかったと申しあげておきたい)

(13) Something **put** *it* into his head *that she was a spy.*

(彼女はスパイだという考えがなぜか彼の頭に浮かんできた)

9.7. A が目的を表す to 不定詞節の場合

(1) John **brought** *his sister* to see me.
　　S　　　V　　　　O　　　　A
　　(ジョンは私に会わせるために妹を連れてきた)

(2) I **took** *this novel* to read on the plane.
　　(この小説を機上で読むために持ってきた)

(3) We **gave** *a party* to celebrate his success.
　　(彼の成功を祝うためにパーティを催した)

(4) I shall **need** *a week* to finish the job.
　　(この仕事を終えるためには 1 週間が必要です)

(5) Ted **opened** *the door* to let the cat out.
　　(テッドはネコを外へ出すためにドアをあけた)

to 不定詞の前に in order/so as を付けると,「目的」の意味が明確になる。

(6) He **took** *the medicine* (in order) to please his mother.　(彼は母親を喜ばせるために薬を飲んだ)

(7) You must **follow** *the doctor's advice* (so as) to get well quickly.　(あなたは,早く治るように医者の助言に従わなくてはならない)

10 いわゆる SVOC 型

10.1. 典型的な SVOC 型

いわゆる SVOC 型をとる主な動詞は，make を代表とする作為動詞 (factitive verb) である。そして，目的語と目的語補語との間には「主述関係」が見られる。次の諸例は，典型的な SVOC 型とされている文である。(別の学問的な分析は，§10.2 を参照。)

Make yourself comfortable. のタイプ

(1) They **got** *Jim* angry.　[Jim = angry]
　　　S　V　O　　C
　　(彼らはジムを怒らせてしまった)

(2) They decided to **call** *the baby* Mark.　　[the baby = Mark]　(二人は赤ちゃんをマークと呼ぶことに決めた)

(3) Her parents **named** *her* Ellen.　[her = Ellen]
　　(両親は彼女をエレンと名づけた)

(4) We **elected** *John* chairman.　[John = chairman]
　　(われわれはジョンを議長に選んだ)

(5) This cough **is driving** *me* mad!　[me = mad]
　　(この咳は頭にくる！)

(6) **Make** *yourself* comfortable.　［yourself = comfortable］
　　（楽にしてください）

(7) This medicine will **set**/**put** *her* right soon.　　［her = right］　（この薬で彼女はすぐ元気になるでしょう）

(8) I **declare** *you* man and wife.　［you = man and wife］
　　（あなたがたを夫婦と宣言します）［牧師のことば］

それでは，学習文法では扱わないのが普通だが，次に示すような，目的語のあとに非定形動詞（＝不定詞・分詞・動名詞）がくるような構文は，いったい，何型と考えたらいいのだろうか。これも SVOC 型なのか，それとも，そうではないのか（この問題は，§10.2 以降で扱う）。

　(9) We all consider him **to be** a hero.　［to 不定詞］
　　　（私たちはみな彼を英雄だと考えている）

　(10) Go over there and make the dog **be** quiet.　［裸不定詞］
　　　（あっちへ行って，犬を静かにさせなさい）

　(11) I saw him **come**.　［裸不定詞］
　　　（彼が来るのを見た）

　(12) I saw him **crossing** the street.　［現在分詞］
　　　（彼が通りを横切っているのを見た）

　(13) I must get my hair **cut**.　［過去分詞］
　　　（散髪してもらわなくちゃ）

　(14) We call that **asking** for trouble.　［動名詞］
　　　（それは自業自得というものだ）

We regard him as a crank. のタイプ

目的語補語 (C) が不変化詞 as/for に導かれるものがある (Jespersen 1924: 131)。このタイプも SVOC 型で，不変化詞 as/for は，O と C との間の「主述関係」を明確にする働きをしている。

(15) I can't **accept** *her story* as true. ［her story = true］
(彼女の話を真実として受け入れることはできない)

(16) We **regard** *him* as a crank. ［him = a crank］
(私たちは彼を変人だと考えている)

(17) We **look on** *him* as our leader. ［him = our leader］
(私たちは彼をリーダーだとみなしている)

(18) I don't **see** *death* as one's only way out. ［death = one's only way out］ (私は死が唯一の解決法だと考えない)

(19) We **take** *freedom of thought* as a matter of course.
［freedom of thought = a matter of course］
(私たちは思想の自由を当然のこととみなしている)

(20) Do you **take** *me* for a fool? ［me = a fool］
(おれをばかだと思っているのか)

(21) Jim **set** *himself* down for an ass. ［himself = an ass］
(ジムは自分はばかだと決めつけた)

(22) You **mistake** licence for liberty. ［licence = liberty］
(君は放縦を自由と思い違いしている)

(23) I **gave** *her* up for dead. ［her = dead］
(彼女は死んだものとあきらめた)

(24) I'm proud of **having** *him* for a son. ［him = a son］
(私は彼を息子にもつのを誇りにしている)

think of, *imagine* は，that 節に書き替えた場合は，SVO 型をとる思考動詞である。

(25) He **thinks of** *himself* as a top-class novelist.
（彼は自分のことを一流の小説家だと思っている）
[= He thinks that he is a top-class novelist.]

(26) He **imagined** *himself* as my benefactor.
（彼は自分を私の恩人だと思いこんでいた）
[= He imagined that he was my benefactor.]

目的語が重い場合，通例，it を形式目的語にし，重い目的語を文末に外置する（文末重心の原理）。

(27) I **took** (*it*) for granted *that you would join*.
（あなたは当然参加するものと思っていた）[it = granted]

(28) Chris **regards** *it* as his mission *to bring these books to a wider audience*.
（クリスは，これらの本をもっと多くの読者に知らせることが自分の使命だと思っている）[it = his mission]

NB 次の二つの文は，一見，よく似ている。
a. I **regard** *him* as pompous.
（彼は横柄だと私は思っている）
b. His reaction **struck/impressed** *me* as odd.
（彼の反応は奇妙だという印象を与えた）

しかし，*a.* の文は SVOC 型で，him = pompous という叙述 (predication) があるが，*b.* は odd なのは主語であって，目的語ではない。つまり，me = odd の関係はない。*b.* は SVOA 型である。その証拠に，*b.* の as odd のところが副詞で現れることがある。この場合，favorably はまぎれもなく A である。

c. John **struck**/**impressed** *me* underline{favorably}.
　　　（ジョンは私によい印象を与えた）

10.2. 「目的語＋非定形動詞」の構造

　前節で見た，「目的語＋非定形動詞」の構造は，伝統文法で「不定詞付き対格」(accusative with infinitive)，および，「分詞付き対格」(accusative with participle) と呼ばれてきたものである。

不定詞付き対格

(1)　I **saw** *him* come.　［裸不定詞］
　　（彼が来るのを見た）
(2)　I **thought** *him* to be innocent.　［to 不定詞］
　　（私は彼は無実だと思った）

分詞付き対格

(3)　I **saw** *him* crossing the street.　［現在分詞］
　　（彼が通りを横切っているのを見た）
(4)　I **saw** *the team* beaten.　［過去分詞］
　　（私はチームが負かされるのを見た）

この二つの構文では，動詞の右側の名詞句（NP）と非定形動詞との間に「主述関係」が見られるということで，諸家の意見は一致している。その意味で，これらの構造はおしなべてSVOC型であると言ってさしつかえない。学習文法での大ざっぱな文型の認識としては，それで十分であると思われる。

　しかし，学問的に掘り下げていくと，埋め込み文の構造が異な

る場合もあることがわかるし，さらに that 節がからんでくると，文型の設定はかなり困難になってくる。

　従来，SVOC 型をとるとされている動詞は，次のようなものである。

[1] **want タイプ**： ‡desire, ‡prefer, like, hate, love, mean, ‡wish, etc.［‡の付いている動詞は，that 節をとることができる］

[2] **believe タイプ**
(a) 認識動詞 (that 節をとる)： believe, consider, assume, deny, find, guess, know, perceive, suppose, think, understand, etc.

　(5) a.　I **believe** [*him* (*to be*) *guilty*].
　　　b.　I **believe** [(*that*) *he is guilty*].
　　　　　(私は彼が有罪だと信じている)

(b) 作為動詞： make, have, let; get, cause; elect, name, christen [krísn], appoint, etc.

　(6)　This **movie** *made* [*her a star*].
　　　　(この映画で彼女はスターになった)

(c) 知覚動詞： see, hear, feel, look at, watch, notice, etc.

　(7)　I **saw** [*him cross the street*].
　　　　(彼が通りを横切るのを見た)

[3] force タイプ

(a) that 節をとらないもの: challenge, compel, dare, defy, forbid, force, oblige, allow, permit, persuade, etc.

(8) The police **forced** *John* to confess.
(警察はむりやりジョンに自白させた)

(b) that 節をとるもの: command, direct, enjoin, instruct, order, require, request, beg, ask, urge, etc.

(9) Her doctor had **ordered** *her* to rest for a week.
(医者は彼女に1週間休息するように命じた)

(c) O + that 節をとるもの: advise, promise, teach, tell, warn, etc.

(10) I **advised** *John* to see a doctor.
(私はジョンに医者に診てもらうように勧めた)

しかし,厳密な意味でSVOC型と言えるのは,[3a, b] のみであり,実は,[1],[2] はSVO型,そして[3c] は,Quirk et al. (1985) によれば,SVOO型である。(本書では,「主語・述語」の構造全体が述語動詞の目的語 (O) になっているものを,Jespersen に従って,「**ネクサス目的語**」(nexus object) と呼び,[ ] でくくることにしよう。)

まず,[1],[2] のタイプから考えてみよう。これらは,文型はSVOである。

(11) a. **I like** [*boys to be quiet*]. [want タイプ]
(私は男の子が静かにしているのが好きだ)

b. I **believe** [*John to be a liar*].　［認識動詞］
   （私はジョンは嘘つきだと信じている）

c. The cat **made** [*him famous*].　［作為動詞］
   （ネコのおかげで彼は有名になった）

d. We **felt** [*the house shake*].　［知覚動詞］
   （私たちは家が揺れるのを感じた）

意味論的に言えば，(11a) で私が好きなのは，「男の子」ではなく，「男の子が静かにしている」ことであり（話し手は，むしろ，男の子嫌いと考えられる），(11b) で私が信じているのは，「ジョン」ではなく，「ジョンが嘘つきだということ」である（つまり，私はジョンを信じていないのだ）。(11c) では，このネコは「彼を有名にした」のであって，「彼を作った」のではない。(11d) では，私たちは「家」を感じたのではなく，「家が揺れる」のを感じたのである。

　(11a–d) の例文において，目的語はいずれの場合も，[　] 内の埋め込み文全体，すなわち，「ネクサス目的語」である。want タイプと believe タイプの構造を図示すれば，

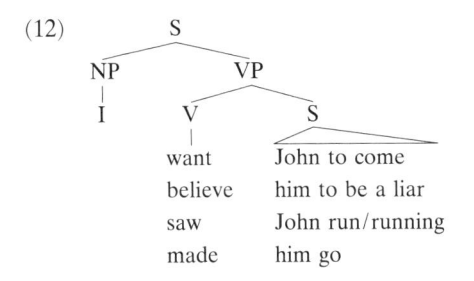

(12)
```
            S
         /     \
       NP       VP
        |      /   \
        I     V     S
              |
            want    John to come
            believe him to be a liar
            saw     John run/running
            made    him go
```

　[1]，[2] のタイプを SVO 型と見る統語的な理由を挙げるな

ら，第1に，動詞によっては，補文の主語に虚辞 (expletive) の it や there が生じるものがあるが，外界に指示物 (referent) をもたない虚辞は目的語ではありえない。

(13) I don't want [**there** to be another war]. ［want タイプ］
(また戦争があってほしくない)

(14) He believes [**there** to be a spy among us]. ［believe タイプ］ (私たちの間にスパイがいると彼は信じている)

(15) Let [**there** be light]. ［作為動詞］
(光あれ＜光をあらしめよ)

(16) Look at [**it** snow]. ［知覚動詞］
(雪の降るのをごらんよ)

第2に，知的意味を変えないで，believe タイプは that 節に，want タイプは for 節に書き替えることができる。for と that は，**補文標識** (complementizer) であるから，それらが補文を導いていることは，疑いの余地がない。知覚動詞の場合，英語では補文標識が現れないが，対応する日本文では補文標識「ノ」が現れる。

(17) I want [**for** him to come early]. 〈米〉［want タイプ］
([彼が早く来ること]を望んでいる)

(18) I believe [**that** John is a crank]. ［believe タイプ］
([ジョンは変人だと] 信じている)

(19) I saw [John entering the building]. ［知覚動詞］
(私は [ジョンがそのビルに入っていくの] を見た)

これに対して，[3] の force タイプは，次に示すような基底構造をもっている。

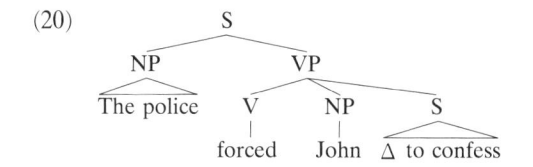

(20)
```
           S
      ┌────┴────┐
      NP        VP
      │    ┌────┼────┐
 The police V   NP   S
            │   │   ┌┴──────┐
         forced John Δ   to confess
```

この文型では，目的語は補文の外にあり，他動詞の影響をもろに受けるので，対格 (accusative case)(＝直接目的語の格) をとる。警察は，ジョンに直接にプレッシャーをかけ，その結果，ジョンが自白するのである。すなわち，John (厳密には to confess の意味上の主語 Δ (＝生成文法の PRO)) と confess との間には「ジョンが自白する」という主述関係が成立しているので，文型は SVOC である。

以下，上記 [1]，[2]，[3] の三つのタイプの動詞のとる構文をやや詳細に見ていこう。

10.3. want タイプ (SVO 型)

まず，want タイプの用例を挙げてみよう。目的節に補文標識 for を付けるのは〈米〉。

(1) I **want** [(*for*) *him to come*].
    (彼に来てほしい)

次のように，動詞と目的節との間に副詞語句があるときは，〈英〉でも for の挿入は義務的になる。挿入語句のために，want と him が隣接しなくなって，want が him に対格を付与することができなくなったので，for を挿入して，him に斜格 (oblique case)(＝前置詞の目的語に与えられる格) を与えるのである。

(2)　I **want** very much [*for him to go*].
　　（とても彼に行ってほしい）

(3)　We **desire** very much [*for Jim to tell the truth*].
　　（私たちはジムが真実を語ることを大いに望んでいる）

(4)　I don't **like** [*(for) him to wake me up*].
　　（彼に起こしてもらいたくない）

(5)　I'd **hate** [*(for) you to go*].
　　（君に行ってほしくない）

(6)　John **loved** [*Lucy to sing to him*].
　　（ジョンは，ルーシーに歌を聴かせてもらうのが大好きだった）

(7)　I didn't **mean** [*(for) you to read the letter*].
　　（君にその手紙を読ませるつもりはなかった）

(8)　Do you **wish** [*(for) me to stay*]?
　　（私に泊まってほしいですか）

love, *like*, *prefer* が「…したい」という未来指向的な意味を表すときには，通例，would love/like/prefer（= very much like）の形式で用いられる。

(9)　**I'd love** [*you to come with me*].
　　（あなたに同伴してほしい）

(10)　**I'd like** [*him to tell me the truth*].
　　（彼に真実を話してほしい）

(11)　**I'd prefer** [*(for) you to stay with us*].
　　（君にはむしろ私の家に滞在してほしい）

上でも見たように，want タイプの動詞に to be が続く場合は，

その主語として，存在の there が挿入される。

(12) I don't **want** [*there to be any trouble*].
(ごたごたがあってほしくない)

(13) I don't **mean** [*there to be any unpleasantness*].
(不快感を与えるつもりはない)

(14) **I'd like** [*there to be less refugees*].
(難民が少なくなってほしい)

(15) **I'd prefer** [*there to be plenty of extra seats*].
(余分の席がたくさんあるほうがいい)

to be の省略

want/wish では，to be を省略することができる。その場合は，命令口調になる (Borkin 1973: 53)。Lakoff & Johnson (1980: 128) の「近いほうが効果が強い」(closeness is strength of effect) というメタファーが働くのである。

(16) I **want** [*the letter (to be) ready by tomorrow*].
(その手紙をあすまでに用意しておいてほしい)

(17) I **want** [*it (to be) done at once*].
(それをただちにやってもらいたい)

(18) I don't **want** [*you (to be) sitting here all day*].
(君に一日じゅうここにすわっててほしくない)

(19) I **wish** (=want) [*it (to be) finished at once*].
(それをただちに済ませてほしい)

to be を削除すれば，表層構造は SVOC 型に似てくるが，意味

的には,たとえば you sitting 全体を O と見なければならない。「あなたを求める」という意味は存在しないからである。

wish が「...であればいいのにと思う」の意味では,to be の落ちた形式,または (that) 節を伴う。

(20) They **wished** [*the voyage at an end*].
   (彼らは航海が終わればいいのにと思った)
   [= They **wished** (*that*) *the voyage was at an end.*]

(21) She **wished** [*herself home again*].
   (彼女はまた家に帰れたらいいのにと思った)
   [= She wished (that) she was at home again.]

like, hate の場合も,to be を省略できる。命令口調にはならないが,「直接性」という特徴は残る。

(22) I **like**/**hate** [*my coffee* (*to be*) *strong*].
   (コーヒーは濃いのが好きだ/はきらいだ)

この場合,実際にコーヒーを飲むときには to be は通例省略される (Borkin 1973: 53)。to be を入れると,間接的・観念的になるからである。これに関連して,次の二つの文の相違にも注意されたい。

(23) a. He **likes** [*me to work late*].
    (彼は私が遅くまで働くのを好む)〔観念〕
   b. He **likes** [*me working late*].
    (彼は私が遅くまで働いているのを好む)〔事実〕

同じ want タイプでも,desire, prefer では,to 不定詞を削除

することができない。

want タイプのうち，desire, prefer, wish は that 節をとることができる。that 節が目的語なので，文型は SVO 型。

(24) We **desire** [*that you (should) complete the work within a week*].
（あなたが 1 週間以内にその仕事を完了してくれることを望んでいます）

(25) I'd **prefer** [*that he left now*].
（もう彼に発ってほしい）

(26) I **wish** [*it would stop raining*].
（雨がやめばいいのに）

like, *hate* は，ing 形補部をとることができる。

(27) a. I **hate**/don't **like** [*his coming late*].
  b. I **hate**/don't **like** [*him coming late*].
（私は彼が遅刻してやって来るのがきらいだ）

このとき，F. R. Palmer (1974: 179) は，(27b) のほうが普通，OALD[7] は (27a) のほうが格式的と言っている（この ing 形は，元来は動名詞である）。

NB Chomsky は，The students **want** *that Bill visit Paris*. （学生たちは，ビルにパリを訪れてほしいと思っている）という文はイディオマティックな英語ではないが，完全に文法的と考えてよいとしている。ただし，OALD[7] は *I **want** *that you do it quickly*. のような文を非文法的としている。避けるほうが better だろう。

10.4. 思考動詞 (SVO 型)

思考動詞 (cognition verb) の目的語は、命題 (proposition) を表すもので、that 節、もしくは 'to be, to love, to have been' のような状態的な to 不定詞を伴う。しかし、to go のような動作を表す to 不定詞は伴うことはできない。すなわち、不定詞節の時制は思考動詞のそれと同じか、それ以前でなければならず、未来時を指示するものであってはならないのである。

なお、believe タイプの場合、不定詞付き対格を使用した (1a) はいちじるしく〈格式体〉で、話し言葉では普通 (1c) の that 節が用いられる。このタイプで to be を挿入するのは、たとえば、John = innocent という「主述関係」をより明確にするためである。

(1) a. **I thought** [*John to be innocent*].   [John = innocent]
    b. **I thought** [*John innocent*].   [to be の省略]
    c. **I thought** [(*that*) John was innocent].
    （私はジョンが無実だと思った）

(1a-c) は、いずれも SVO 型の文型と分析される。to be を削除した (1b) も、(学習文法では SVOC 型とされているが) 厳密には SVO 型と分析しなければならない。私が考えたのは「ジョン」ではなく、「ジョンは無実だ」ということである。think の目的語は、必ず「命題」でなければならないのである。

to go のような非状態的不定詞は、未来時を指示するので、that 節を用いなければならない。

(2) a. *I **think** [*John to go tomorrow*].
   b. I **think** [(*that*) *John will go tomorrow*].
      （ジョンはあす行くだろうと思う）

以下に，このタイプの動詞の用例を挙げてみよう。

(3) a. I **believe** [*him* (*to be*) *guilty*].
   b. I **believe** [(*that*) *he is guilty*].
      （彼は有罪だと思う）
(4) a. I **believe** [*him to have been a doctor*].
   b. I **believe** [(*that*) *he was a doctor*].
      （たしか彼は医者だったと思う）
(5) a. I **consider** [*the matter* (*to be*) *settled*].
   b. I **consider** [(*that*) *the matter is settled*].
      （その問題は決着したと考えている）
(6) a. Can you **prove** [*yourself* (*to be*) *right*]?
   b. Can you **prove** [(*that*) *you are right*]?
      （自分が正しいことを証明できますか）

deem（= consider），*suppose* は，〈格式体〉である。

(7) a. I **deem** [*him* (*to be*) *an honest man*].
   b. I **deem** [(*that*) *he is an honest man*].
      （彼は正直者だと私は考えている）
(8) a. She **supposed** [*John* (*to be*) *very rich*].
   b. She **supposed** [(*that*) *John was very rich*].
      （彼女はジョンが大金持ちだと思っていた）

assume, *know*, *understand* の場合，to be を省略することはできない。

(9) a. **I know** [*this to be a fact*].　[***I know** *this a fact*.]
  b. **I know** [(*that*) *this is a fact*].
   （私はこれが事実だということを知っている）
(10) a. **I have assumed** [*him to be British*].
  b. **I have assumed** [(*that*) *he is British*].
   （彼はイギリス人だと思いこんできた）
(11) a. **I understand** [*him to be my best friend*].
  b. **I understand** [(*that*) *he is my best friend*].
   （彼は無二の親友だと考えている）

know は，否定・疑問文では wh 節をとる。

(12)　**I don't know** [*where she lives*].
   （彼女がどこに住んでいるのか知らない）

上例の prove, know などは，**叙実動詞** (factive verb) で，話し手／書き手は節の内容が真であるという前提 (presupposition) をもっているのに対して，believe, assume, deem, suppose, understand などは**非叙実動詞** (nonfactive verb) で，話し手／書き手は補文の内容の真偽については自分の考えを明らかにしていない。日本語では，補文標識として，叙実動詞の場合は「コト」を，非叙実動詞の場合は「ト」を用いて，両者を区別しているのはすばらしいと言わなければならない。

　NB　see, feel, find の場合も，to be を伴うのは「知覚動詞」ではなく，本節で扱う「思考動詞」である。

I **saw**/**felt**/**found** the plan *to be* all wrong.
= I **saw**/**felt**/**found** *that* the plan was all wrong.
(その計画は，全然まちがっていることがわかった)

10.5. 知覚動詞 (SVO 型)

see, hear, listen to, look at, feel, watch, notice, observe のような知覚動詞 (sensory verb) の補文中の述語は，裸不定詞，現在分詞，または過去分詞である。

(1) I **saw** [*him cross the street*].
 (彼が通りを渡るのが見えた)[渡りきるのを見た]
(2) I **saw** [*him crossing the street*].
 (彼が通りを渡っているのを見た)[渡っている途中を見た]
(3) I have **seen** [*a boxer knocked down*].
 (ボクサーがダウンさせられるのを見たことがある)

以下，三つの構文の例をつぶさに見ていく。

I saw him cross the street. のタイプ

日本語では，補文を導く補文標識は「ノ」である。(「ノ」は知覚の具体的な対象を表す。)

(4) Larry **felt** [*his face redden*].
 (ラリーは顔が赤らむのを感じた)
(5) I **heard** [*Lou laugh*].
 (ルーの笑うのが聞こえた)
(6) We **listened to** [*the dog's barking grow* fainter and

fainter].（犬のほえ声が次第にかすかになっていく<u>の</u>に耳を傾けていた）

(7) **Look at** [*Fido run*].
（ファイドー［犬］が走る<u>の</u>をごらん）

(8) Did you **notice** [*him come in*]?
（彼が入ってくる<u>の</u>に気づきましたか）

(9) The police **observed** [*the man enter* the bank].
（警察は男が銀行に入る<u>の</u>を観察していた）

(10) I **saw** [*him leave* a few minutes ago].
（数分前，彼が立ち去る<u>の</u>を見た）

(11) I **sensed** [*her nod* in the darkness].
（私は彼女が暗がりの中でうなずく<u>の</u>を感じた）

(12) He **watched** [*her set off*].
（彼は彼女が出発する<u>の</u>をじっと見ていた）

know は通例，現在完了形で，「見聞きしたことがある」の意味で用いられる。このとき，知覚動詞に近づき，to が落ちることがある。

(13) I've never **known** [*it* (*to*) *snow* in July] before.
（これまで7月に雪が降った覚えがない）

この構文でも，know が受け身になると，当然，to 不定詞が生じる。

(14) He **has been known** *to spend* all morning in the bathroom.（彼は午前中ずっと浴室で過ごした<u>の</u>が知られている）

NB 知覚動詞の受動態では，to が義務的に現れる。

　a. John **was seen** *to run off.*
　　（ジョンが逃げ去るのが見られた）
　b. He **was heard** *to groan.*
　　（彼がうめき声を上げるのが聞こえた）
　現在分詞，過去分詞の場合は，受動態は次のようになる。
　c. John **was seen** *coming/beaten.*
　　（ジョンがやって来るの／負けるのが見られた）

受動文の場合，見られたのは，主語の「ジョン」ではなく，[he-run off/-coming/-beaten] was seen，すなわち，「ジョンが逃げ去る／やって来ている／負ける」という事態であることの認識は，意味論的には非常に重要である。Jespersen がこの構文を「分離主語」(split subject) と呼ぶのは，このゆえである。

I saw him crossing the street. のタイプ

(15)　We **saw** [*her entering* the building].
　　（彼女がそのビルに入っているのを見た）

(16)　He could **feel** [*his heart beating* wildly].
　　（彼は心臓が激しくドキドキするのを感じた）

(17)　Now you will **find** [*the carriage waiting*].
　　（馬車はもう待ち受けていますよ＜馬車が待っているのを発見する）

(18)　Meg **glimpsed** [*him running* through the crowd].
　　（メグは，彼が人ごみをかき分けて走ってくるのをちらっと見た）

(19)　I **heard** [*them coming* up the stairs].
　　（彼らが階段を上がってくるのが聞こえた）

(20)　They **listened to** [*him whistling*].

(彼らは彼が口笛を吹いているのを聴いていた)

(21) Just **look at** [*the rain pouring down*]!
(雨がどしゃ降りに降っているのをまあ見てごらん！)

(22) Did you **notice** [*his hand shaking*]?
(彼の手が震えているのに気づきましたか)

(23) They **saw** [*the thief running away*].
(彼らは泥棒が走って逃げていくのを見た)

(24) She **watched** [*the children playing* soccer].
(彼女は子どもらがサッカーをしているのを見守っていた)

smell は，「持続的」(+durative) なので，現在分詞の構文しかとらない (OALD[7], BBI[2])。

(25) Can you **smell** [*something burning*]?
(何かこげているにおいがしませんか)

catch「…している現場を見つける」も知覚動詞の仲間で，意味上，現在分詞を要求する。

(26) I **caught** [*the children stealing* my apples].
(子どもたちが私のリンゴを盗んでいるのを見つけた) [つかまえたかどうかは不明]

Swan (1995: 235) は，could see/hear は，進行中の動作・状態を表すので，-ing 構造のみをとるとしているけれども，同一作家が現在分詞と裸不定詞の両構文を使用している例もある。次の2例は Smith, *A Simple Plan* から。

(27) a. **I could see** [*Lou grinning*].

(ルーがニタニタ笑っている<u>の</u>が見えた)

b. Just barely, **I could see** [*her nod*].
(彼女がうなずく<u>の</u>がかろうじて見えた)

知覚動詞が受動態の例。

(28) The thief **was seen** *running* away.
(泥棒が走って逃げていく<u>の</u>が見られた)

(29) Voices **were heard** *calling* for help.
(助けを呼ぶ人声が聞こえた)

(30) But he was not to **be caught** *napping*.
(しかし、彼は不意をつかれるような人ではなかった)[＜居眠りしている<u>の</u>を見つかる]

補文の主語が"重い"場合、文末に外置 (extrapose) されることがある (補文の述語が過去分詞の例も挙げておく)。

(31) But as we rode along I saw *coming toward us* **the doctor in his dogcart**.
(しかし、馬車で行っているとき見えたのは、二輪馬車に乗ってこちらへやって来る医者の姿だった)

(32) Now I see *seated in front of me* **men and women**.
(いま私の前に男女の皆さんがすわっていらっしゃいます)

NB 1 知覚動詞の補文の do/doing の対立は、おおむね、[±durative] というアスペクト (aspect) の対立と考えてよい。ただし、[+durative] とは、動作の進行・継続を表し、[−durative] は動作の進行・継続を表さないという消極的な意味を表しているだけで、後者は積極的に〈完了〉を表すという意味ではない。確かに cross, jump, kick, nod, sit down のような、瞬時相 (momentaneous aspect) の

動詞の場合は,動作は瞬時に終わるので〈完了〉を含意すると言ってよい。たとえば,次例では裸不定詞のみが文法的で,現在分詞が非文法的になるのは,explode(爆発する)が瞬時相の動詞なので,進行(あるいは継続)の意味が表せないからである。

 a. I heard [the bomb **explode**/***exploding**].
    (爆弾が爆発するのが聞こえた)

ただし,bomb を複数にして,the bombs exploding とすれば〈反復〉を表すものとして,容認可能になる。

しかし,非瞬時相の動詞の場合は,裸不定詞形は〈完了〉については中立的 (neutral) であることを指摘しておきたい。たとえば,

 b. "... Listen to [**it rain**]." "It**'s raining** hard."

(Hemingway, *A Farewell to Arms*)

(「雨が降る音を聞いてごらんよ」「どしゃ降りですよ」)

この文では,あとの It's raining hard. という進行相の文で明らかなように,雨降りは完了していないにもかかわらず,前文では現在分詞が使用されていない。it rain は,ただ,「雨降り」という事実 (fact) を指摘しているだけである。

要するに,知覚動詞の補文に現れた非瞬時相動詞の不定詞形は,アスペクトに関して中立的であると言ってよい。

NB 2 I saw John come/coming. の構文を(学習文法で行なわれているように)SVOC 型として分析しないのは,私が見たのは「ジョン」ではなくて,「ジョンが来る/来ている」という特定の活動または現象 (a particular activity or phenomenon) と考えられるからである。この分析を支持する証拠は,次のように,五つある。第 1 に,

 a. Look at [**it snow**] now.
    (まあ [雪が降るの] をごらんよ)
 b. cf. G. Ich sah [**es schneien**].
    ([雪が降るの] が見えた)

のような天候動詞 (weather verb) のふるまいを挙げることができる。虚辞の (=指示物をもたない) it や es は知覚動詞の目的語にはなりえない。見たのは,実体のない it や es ではなくて,「雪が降る」という現象でなければならない。

第2に，次の c. の文の John が saw の目的語でないことは，c. 文と d. 文の知的意味が同じであることで明白である（ともに [ ] 内が saw の目的語）。

   c. I **saw** [*John shoot a bear*].
      （[ジョンが熊を撃つの] を見た）
   d. =I **saw** [*a bear* (*be*) *shot by John*]. ［be を付けるのはまれ］
      （[熊がジョンに撃たれるの] を見た）

第3に，Gee (1977: 478) の指摘するとおり，直接に森を見ることができなくても，煙さえ見えていれば，次の文は容認可能である。

   e. I can **see** [*the wood burning*].
      （[森が燃えているの] が見える）

第4に，次の文でメアリーが見たのは，現象を指す it であって，人を指す代名詞ではない。

   f. I saw [*John beat his wife*] and Mary saw *it*/*him too.
      （私はジョンが妻をなぐるのを見た。メアリーも，それ／*彼を見た）

第5に，日本語の知覚動詞の目的語は，上で見たように，[ ] でくくられた補文全体であるという事実を挙げることができる（しかも，これは言語横断的に真である）。補文全体が一つの構成素をなしていることは，補文標識「ノ」で明らかである。

NB 3 次の文は，二とおりにあいまいである。

   a. John found the boy studying in the library.

なぜなら，「その少年が図書館で勉強している<u>の</u>を見つけた」という意味にも，「図書館で勉強している少年を見つけた」という意味にも解されるからである。受身形にすると，その違いが明瞭になる。

   b. The boy was found studying in the library (by John).
      The boy studying in the library was found (by John).

ただし，*a.* の the boy のところが him であれば，「彼が図書館で勉強している<u>の</u>を見つけた」という意味にしかならない。人称代名詞には定（definite）という特徴が内在しているので，いかなる修飾語句も付かないからである。つまり，「*勉強している彼」という意味にはならないのである。

I saw him beaten. のタイプ

(33) She **felt** [*herself overcome by the fumes*].
(彼女は，その悪臭に参ってしまうような気がした)

(34) Carol **heard** [*her name called*].
(キャロルは，自分の名前が呼ばれるのを聞いた)

(35) He **watched** [*his team beaten*].
(彼は自分のチームが負けるのを見守った)

次の文は，二とおりにあいまいである。

(36) I **saw** the window broken by John.
   a. (私はジョンが割った窓ガラスを見た)
   b. (私はジョンが窓ガラスを割るのを見た)

ここで問題にしているのは後者の読みで，その場合は，まれに受動文の be が現れることがある。

(37) I **saw** [*the window be broken* by John].
(38) He **watched** [*his team be beaten*].

次の Shakespeare の例も参照されたい。

(40) Come let us in, and with all speed provide
   To **see** *her Coronation be performed*.
                                  (Shakespeare, 2 *Henry VI*. 1.1.74)
(さあ奥へ入って，大至急，王妃の戴冠式が執り行なわれるのを見ることにしよう)

最後に，次の二つの文を比較してみよう。

(41) a. We **saw** [*the rebels executed* by the army].
(われわれは，反逆者が軍隊に処刑されるのを見た)

　　b. We **saw** [*the rebels being executed* by the army].
(われわれは，反逆者が軍隊に処刑されているのを見た)

Akmajian (1977) は，(41a) は (41b) から being を削除することによって派生すると考えているけれども，Gee (1977) の指摘するとおり，それは誤りである。上の二つの文は，それぞれ，次の二つの能動文に対応するものであり，したがって，being は当然，進行相を表している。

(42) a. We **saw** [*the army execute* the rebels].
(われわれは，軍隊が反逆者を処刑するのを見た)

　　b. We **saw** [*the army executing* the rebels].
(われわれは，軍隊が反逆者を処刑しているのを見た)

Swan (1995: 235) も，この構文における進行相の意味は，being done の形式で表されるとしている。

(43) I **heard** [*the bedroom door being opened* slowly].
(寝室のドアがゆっくりと開けられるのが聞こえた)

(44) He **heard** [*his name being called*].
(彼は自分の名前が呼ばれているのを聞いた)

(45) We **saw** [*the snow being cleared away*].
(私たちは，雪かきが行なわれるのを見た)

10.6. 使役動詞 (SVO 型)

make, have, let などの使役動詞 (causative verb) も，ネクサス目的語を補文にとる。

I made him go. のタイプ (SVO 型)

(1) I **made** [*him go*] against his will.
(私は，彼の意志に反して行かせた) [強制]

(2) He will not **let** [*her go*].
(彼は，彼女を行かせようとしない) [許容]

(3) The queen **bade** [*us enter*]. 〈文語〉
(女王はわれわれに入れと命じた) [tell, order, command のほうが普通]

have O do の形式は〈主に米〉で，指図をするのに用いられる。

(4) **Have** [*him come in*], please.
(どうか入ってもらってくれ)

(5) What would you **have** [*me do*]?
(私に何をさせたいのか)

(6) He **had** [*the bouncers throw them*] out of the club.
(彼は用心棒に彼らをクラブからほうり出してもらった)

古い英語では，特に make, bid の場合，to 不定詞を用いることも少なくなかった (Marlowe の英語では，make NP to do は 182 例，make NP do は 155 例で，to の付くほうが優勢である)。

(7) Money **makes** [*the mare to go*].

〈諺〉(地獄の沙汰も金次第)[古い英語の名残]

(8) Eric **bade** [*her to take* courage].

(エリックは,彼女にしっかりしなさいと言った)

受動態では,常に to が現れる。

(9) I **was made** *to go* to Ireland.

(私はアイルランドへ行かされた)

(10) The trees **were let** *to grow*.

(木は伸び放題に伸ばしてあった)[allowed のほうが普通]

しかし,使役の have は,受動構文には見いだされない。他動性 (transitivity) が低いためと考えられる。

(11) *John *was had* to go.

make the dog (be) quiet のタイプ (SVO 型)

標題の文の構造的意味は,「犬を作った」ではなく,「犬が静かになるようにしむけた」である。

make, have の場合,be が現れることがある。その場合は,be の主語は自らの意志をもった〈行為者〉(actor) であり,かつ,不定詞の表す動作は自制可能 (self-controllable) なものでなければならない (cf. Quirk et al. 1972: 852, Gee 1975)。

(12) **Have** [*him be patient* a little longer]!

(Quirk et al. 1972)

(彼をもうしばらく辛抱させなさい)

(13)　They **made** [*her be good*].　　　　　　　　　(Ibid.)
(彼らは，彼女を行儀よくさせた)

(14)　Go over there and **make** [*the dog be quiet*/*quiet].
(Gee 1975)
(あっちへ行って，犬を静かにさせなさい)

(15)　Just **make** [*her be friends*]—you can do it.
(Montgomery, *Anne's House of Dreams*)
(彼女をお友達にしなさい——あなたならできるわ)

(16)　I thought, perhaps—just perhaps, I could **make** [*her be quiet*].　　　　(Burnett, *A Little Princess*)
(もしかしたら——ほんとに，もしかしたらですけど，あの子を静かにさせられるんじゃないかって思ったんです)　[her は泣きわめいている女の子]

以上の諸例では，どの行為も，補文の主語がその気にならなければ成就されないことに注意。

　一方，次のような，補文の主語が無生物の場合は，be を残すことはできない。無生物は，自らの意志をもたないからである。

(17)　Jane **had** [*her cake ready*/*be ready] for the party.
(Gee 1975)
(ジェーンは，パーティーのためにケーキを用意した)

したがって，be のない形式では，補文主語が人・無生物たるを問わず，結果はだれの意志とも無関係に出ている。

(18)　His words **made** [*her angry*].
(彼の言葉で，彼女は(思わず)カッとなった)

(19) He **got** [*his hands dirty*].
(彼は両手を汚した)

(20) You **have** [*your evenings free*], haven't you?
(晩はお暇なんでしょう)

(21) Let/Leave [*me alone*].
(私にかまわないでください)

Quirk et al. (1985: 1197) は，次の get の目的節中の to be の有無についても同様な意味の違いを認めている。

(22) They **got** him *angry*.
  [*ie* made him angry in spite of himself]
  (彼を思わず怒らせてしまった)
  ≠They **got** him *to be angry*.
    [*ie* persuaded him to be angry]
    (彼が怒るようにしむけた)

次の例でも同じことが言える (to be が必要)。

(23) Can't you **get** [*him to be a little more careful*]?
(彼をもう少し注意深くさせることはできないのか)

cause の場合，make, have と異なり，常に方向の to 不定詞 (infinitive of direction) を要求する。

(24) What **caused** [*you to change your mind*]?
(どうして考えを変えたんですか)

get the fire under control のタイプ (SVO 型)

get, have は, 補文中の述部に前置詞句をとることがある。

(25) It took them three hours to **get** [*the fire under control*]. (彼らが火を鎮めるのに3時間かかった)

(26) You had a love affair all summer and **got** [*this girl with child*].

(君は夏中情事にふけって, この娘をはらませた)

(27) I soon **had** [*the fish in a net*].

(私はすぐにその魚を網に入れた)

have a taxi waiting のタイプ (SVO 型)

このタイプには, 四つの意味がある。

① 「**NP に ... させる**」動詞は, get, have。

(28) Can you really **get** [*that old car going* again]?

(ほんとにあのほろ車がまた動くようにできるのかい)

(29) Nat managed to **get** [*my e-mail working* again].

(ナットは私のメールがなんとかまた動くようにしてくれた)

(30) I **got** [*a woman waiting*] for me.

(女を待たせてあるんだ)

(31) I **have** [*a taxi already waiting*].

(私は, もうタクシーを待たせてある)

(32) He **had** [*his audience listening* attentively].

(聴衆は, 彼の言葉に注意深く耳を傾けるようになった)

(33) I'll soon **have** [*all the neighbors talking*] about me.

(私はまもなく近所中の人々のうわさの種になるでしょう)

keep/*leave*（... しておく），*set*（... し始めさせる）も使役動詞の仲間である。

(34) The full moon **kept** [*my dog barking*].
（満月を見てうちの犬がいつまでもほえたてた）

(35) I **left** [*the engine running*] when I went into the shop.
（店に入ったとき，エンジンをかけたままにしておいた）

(36) His joke **set** [*everyone laughing*].
（彼のジョークでみんなが笑いだした）

(37) The music **set** [*her imagination working*].
（その音楽は彼女の想像力をかきたてた）

② 「**NP** が ... するのを経験する」動詞は，have のみ。

(38) Soon we **had** [*the mist coming down*] on us.
（やがて霧が立ちこめてきた）

(39) I looked up and found we **had** [*water dripping*] through the ceiling.
（上を見ると，天井から水滴がポタポタしたたり落ちていた）

(40) It's lovely to **have** [*children playing*] in the garden again. （また子どもらが庭で遊んでいるのは，楽しい）

③ 「**NP** が ... するようにさせる」（これは①に含めてもよい。）

(41) I'll **have** [*you speaking English*] in three months.
（3 か月で君が英語を話せるようにしてあげよう）

(42) We'll soon **have** [*you walking*] about again.
（すぐまた歩き回れるようにしてあげますよ）

④ [can't, won't に伴って]「**NP に ... させておく**」動詞は, have のみ。

(43) We **can't have** [*them forcing* their views on everyone else]. (彼らが自分の考えを他のすべての人に押しつけるのを放っておくことはできない)

(44) I **won't have** [*you saying* such things about my mother].
(母について君にそんなことを言わせておくわけにいかない)

(45) I **won't have** [*you flying away*] from me into the hearts of storms. (あたふたと私のそばを離れて, あらしのまっただ中に飛び込ませたりなんかさせないわ)

have my shoes shined のタイプ (**SVO 型**)

このタイプには三つの意味がある。

① 「**NP を ... させる**」(使役): 使役動詞に強勢。動詞は, have, get, make。

(46) I **hád** [*my shoes shined*].
(靴をみがいてもらった)

(47) I could call my servants and **háve** [*you arrested*].
(召使いを呼んで, お前を逮捕させることだってできるんだよ)

(48) He **hás** [*a cup of tea taken in* to him] early every morning. (彼は毎朝早く紅茶を一杯持ってこさせる)

(49) I won't **háve** [*my house turned* into a hotel].
(私の家をホテルに変えさせはしないぞ)

(50) We **are háving** [*our car repaired*].

(私たちは車を修理してもらっている)

(51) I must **gét** [*my hair cut*].
(散髪してもらわなくてはならない)

(52) I'll **gét** [*the children dressed*].
(子どもに着替えさせよう)

(53) I need to **gét** [*the washing machine fixed*].
(洗濯機を修理してもらう必要がある)

(54) Can you **máke** [*yourself understood* in English]?
(あなたは英語で用が足せますか)

② 「**NP を ... される**」(受身): 過去分詞に強勢。動詞は get と have。

(55) We have **had** [*our money stólen*] by a very clever man. (私たちは, ひどくさかしい男に私たちの金を盗まれてしまいました)

(56) He **had** [*his leg bróken*] in the accident.
(彼はその事故で足を折った)

(57) I refuse to **have** [*my home bróken up*] by a twopenny-halfpenny adventurer.
(私の家庭をつまらない山師のために壊されるのはごめんだ)

(58) I've **had** [*this given*] me.
(あたし, これもらっちゃった)

以下の例では, get よりも have が普通。

(59) He **had** [*his finger cáught*] in the door.
(彼は指をドアに挟まれた)

(60) We **had** [*our roof blówn off*] in the storm last night.
(ゆうべのあらしで家の屋根を吹き飛ばされてしまった)

(61) My son **had** [*his arm bróken*] by a drunken driver.
(息子は,酔っぱらいドライバーに腕を折られた)

③ 「**NP を ... してしまっている**」(結果): 過去分詞に強勢。動詞は, get と have。

(62) We **got** [*the mystery sólved*].
(私たちは謎は解いた)

(63) I **got** [*all this work fínished*] in a day.
(この仕事を1日で全部済ませてしまった)

(64) He **had** [*his plan máde*].
(彼は計画を立ててしまっていた)

(65) He **had** [*his diary wrítten up*].
(彼は日記を最近までつけた)

NB 1 使役動詞 (causative verb) が言語横断的に文目的語 (sentential object) をとるとする考えは,これまで多くの研究者によって表明されている。以下に,その証拠を示す。

第1に,次の二つの文はパラフレーズ関係にある (cf. George Lakoff 1970)。

a. I made her go.
(彼女を行かせた)

b. I brought it about that she went.
(彼女が行くようにさせた)

第2に,次のような天候動詞と共起する it は外界に指示物をもたない虚辞なので, let の目的語は it ではなく, it rain であることは明白である。

c. 'I don't see how God could **let** [*it rain*] today,' she whispered rebelliously.

（「どうして神さまが，きょう雨をお降らしになったのか，あたし，わかんないわ」と彼女は反抗的な口調でつぶやいた）

d. Plethe (=Please), dear God, **make** [*it rain*] hard.

（どうじょ神さま，大雨をお降らせくださいませ）［少女の祈り］

第3に，古い英語では，make, cause は that 節を目的語としてとることができた。

e. Coulde not he ... have **made** also [*that* this man shuld not have dyed]?   (Tyndale, *John* 11: 37)
   =Could not he ... have kept this man from dying?
                                                       (NRSV)

（彼もこの男を死なせないようにはできなかったのか）

ドイツ語の machen (=make) は，現在でも daß 節をとることが可能である。

f. Mein Wort **macht** [*daß er zittert*] (=macht ihn zittern).

（私の言葉に彼はふるえた）

NB 2 使役動詞の let は, go, fall, slip, drop が続く場合，しばしばこれらの不定詞と連結して，複合動詞のように働くことがある。

a. The weasel *let go* the cub.

（イタチは子ギツネを放した）

b. He *let fall* the book.

（彼は本を落とした）

c. Don't *let slip* the opportunity.

（この機会を逃してはならない）［Don't *let* the opportunity *slip*. の語順のほうが普通］

d. You'll not *let drop* a word.

（あなたは，ひとことも漏らしはしないでしょう）

目的語が it の場合は，let it go のようになるのは，むろんである。以上の語法は，フランス語の使役動詞 faire と平行している。

e. Le soleil *fait fondre* la neige.

（太陽が雪を溶かす）

NB 3 知覚動詞,使役動詞のあとの名詞句が不定の場合,省略されることがある(ϕはゼロを表す)。

 a. I have *heard* ϕ *say* that the moon influences the weather.
  (月が天候に影響を与える,と話に聞いている)
 b. I *heard* ϕ *tell* that he's coming today.
  (彼はきょう来るという話だ)
 c. Let's *make* ϕ *believe* we are soldiers.
  (兵隊ごっこをしようよ)
 d. Live and *let* ϕ *live*.
  (互いに邪魔せずにやっていけ)[＜let others live]
 e. Can I *help* ϕ *wash up*?
  (皿洗いを手伝いましょうか)[＜help you wash up]
 f. *Let* ϕ *go*! You're hurting me!
  (放して! 痛いじゃないの!)[＜let me go]

これらの表現は,不定詞の前に people, persons, someone などの不特定の目的語が省略されたことから生じた。ただし,最後の二つの例では,状況から自明なものとして you と me が省略されている。

10.7. 任命・命名動詞 (SVO型)

appoint, baptize, call, choose, crown, elect, create, dub, vote, christen, choose, make, name, render などの「任命・命名動詞」(verbs of appointing and naming) も,使役動詞の下位カテゴリーとして make の意味を内蔵していて,概略,「v することによって NP にする」といった意味を表す。Jespersen (*MEG* V: 18) も,このタイプの動詞のとる補文を「**結果の目的語**」(object of result) がネクサスをなしていると分析している(これは,最近の言葉で言えば,「**結果構文**」にほかならない)。

elect John president のタイプ

次の最初の 4 例について哲学的に言えば，任命・命名行為によって「王妃／社長／秘書」なり，「トバイアス」という男性なりが，この世に存在しはじめるのである。

人を任命・命名する以上，当然，補文の述詞は名詞句のみである。

(1) He **made** [*her a queen*].
　　（彼は彼女を王妃にした）

(2) We **elected** [*John president*].
　　（私たちは，ジョンを社長に選んだ）

(3) She **appointed** [*him secretary*].
　　（彼女は，彼を秘書に任命した）

(4) She **named** [*him Tobias*] after an alderman.
　　（彼女は，ある市会議員の名にちなんで彼をトバイアスと名づけた）

(1) の made は王妃にした手段については何も言っていないが，(2) は，We made John president by election. という意味で，手段が明示されている。本書では，このような"手段"の意味を内蔵している動詞を"手段動詞"（instrumental verb）と呼ぶことにしよう。

appoint him to be/as chairman のタイプ（**SVOA 型**）

appoint, choose, crown, elect, name の場合。この構文の動詞は，前項のような使役動詞ではなく，単なる他動詞である。be chairman（議長になるように（任命する）），as chairman（議長と

して (任命する)) は，義務的な副詞語句 (A) である。

(5) The queen **appointed** *him* to be/as her personal secretary. [him = her personal secretary]
(女王は，彼を私設秘書に任命した)

(6) The Americans **chose** *Bush* to be/as president. [Bush = president]
(アメリカ国民は，ブッシュを大統領に選んだ)

(7) a. They **named** *Bill* to be/as a member of the team. [Bill = a member of the team]
(彼らは，ビルをチームのメンバーに指名した)

b. Her parents **named** *her Gladys/*to be/*as Gladys*. (両親は，彼女をグラディスと命名した)

上例において，to be/as の意味は訳文に反映されていないが，to be の場合は「(議長) になるように」という目的を表し，as の場合は「(議長) として」という資格を表す。どちらも未来指向的である点に注意。(ただし，その目的が達成された場合 (たとえば，過去時制) は，「(議長) になった」というように，結果を表すと解することもできる。) 次の例を見れば，to 不定詞が目的 (目的は未来指向的である) を表すことは明瞭である。

(8) We **elected** *her* to approach our teacher on the matter.
(その件で先生に掛け合ってもらうように彼女を選んだ)

to be/as NP は，「将来の役割・身分」(future role or status) を示す NP の場合に限って用いられる (Quirk et al. 1985: 1199)。(7b) の Gladys は，「将来の役割」を示すものではないので，

to be / as は付かない。命名と同時に，Gladys となるのである。
次の命名動詞も，同様な理由で to be / as をとらない（SVO 型）。

(9) They *christened* the child **Sarah**.
    （彼らは，その子にセアラという洗礼名をつけた）
(10) **What** *was* that book *called*?
    （その本は，どういう書名でしたか）
(11) She *was baptized* **Janet**.
    （彼女は，ジャネットという洗礼名をつけられた）

10.8. 宣言動詞 (SVO 型)

confess, profess, pronounce, report; certify, declare, proclaim のような，宣言動詞 (verbs of declaration) も，"任命動詞" の下位類と考えられる。たとえば，遂行文 (performative sentence)† である次の (1), (2) の場合，前者では牧師の宣言によって一組の夫婦が誕生し，後者では，議長の宣言によって閉会が成立するのである。

宣言動詞は，[NP XP] という形式のネクサス目的語をとり，XP は名詞句か形容詞句である。なお，遂行文としての用法を除いて，that 節への書き換えが可能である（これも SVO 型の証拠）。

(1) I now **pronounce** [*you* man and wife].
    （あなた方が夫婦であることをここに宣言します）［牧師の言葉］

---

† 'Thank you.' ／「ありがとう」と発話することが，即「謝辞行為」となるような文。常に，現在時制で，主語は I，内容は 2 人称への発言。

(2) I **declare** [*the meeting* closed].

(閉会を宣言します) [cf. I **declared** that *the meeting was closed.* は,過去時制だから遂行文ではない]

(3) The doctor **certified** [*the driver* dead] at the scene.

(医者は現場で,ドライバーは死んでいると証明した)
[= that the driver was dead]

(4) The press **reported** [*him* missing].

(彼は行方不明だと新聞は報じた) [= that he was missing]

(5) I **confess** [*myself* bewildered by their explanation].

(白状するが,彼らの説明には当惑したよ)
[= that I was bewildered by their explanation]

(6) She **professed** [*herself* (*to be*) ignorant of the matter].

(彼女はそのことは知らないと断言した)
[= that she was ignorant of the matter]

(7) His accent **proclaimed** [*him* (to be) a Scot].

(言葉のなまりから彼がスコットランド人だとわかった)
[= that he was a Scot]

10.9. "手段動詞"(SVO 型)

このクラスの動詞は,使役動詞の下位カテゴリーとして,ネクサス目的語を補部にとる。なぜ"手段動詞"(instrumental verb)かと言えば, make/get ... by -ing とパラフレーズできるように,動詞自体が"手段"の意味を内蔵しているからである。手段動詞は, (a) のような,"使役・移動構文"と, (b) のような,"結果構文"において使用される。

(a) **使役・移動構文** (caused-motion construction)

(1) They **laughed** [*the poor guy* out of the room].
(彼らはかわいそうに，あざ笑って男を部屋から追い出した)

(2) Frank **sneezed** [*the tissue* off the table].
(フランクは，くしゃみをして，ティッシュをテーブルから落とした)

(3) Sam **helped** [*her* into the car].
(サムは，彼女に手を貸して車に乗せた)

(4) Mary **urged** [*Bill* into the house].
(メアリーは，ビルをせき立てて家の中に入れた)

(5) Holmes **bowed** [*her* into an arm-chair].
(ホームズは，お辞儀をして女をひじ掛け椅子にすわらせた)

(6) Don't you remember how cross Mother and Marilla were when we **imagined** [*ghosts* into the Haunted Wood]? (ねえ覚えている，あたしたちが想像を逞ましくして「幽霊の森」にお化けを住まわせたとき，母さんとマリラがどれほど怒ったか？)

(7) Oh, how the frogs **sang** [*me* home from Carmody]!
(ああ，カエルがどれほど歌を歌ってカーモディーから家まで送ってくれたことか！)

(**b**) **結果構文** (resultative construction)

(8) The gardener **watered** [*the tulips* flat].
(園芸家は，チューリップに水をやって倒してしまった)

(9) The cook **scrubbed** [*the pot* shiny].
(コックは，鍋をこすってピカピカにした)

(10) Charlie **laughed** [*himself* into a stupor].

(チャーリーは，笑いこけてぼうっとなった)

(11) Since he seized power, Ionesucu's been **bleeding** [*the country* dry]. (権力を握って以来，イオネスクは国からとことん絞り取ってきた)

(12) Toller had **drunk** [*himself* into a state of insensibility] that evening.
(トラーは，その晩，飲み過ぎて正気を失った)

(13) Kate immediately tried to **talk** [*him* out of the decision]. (ケートはすぐさま，彼と話し合ってその決定を捨てさせようとした)

(14) 'I'm pregnant,' she continued and **knocked** [*the wind right out of him*]. (「わたし，妊娠しているの」と彼女が続いて言ったので，彼は息がとまるほど驚いた)

(15) The bright voice **jarred** [*her* out of her reverie].
(その明るい声にぎくりとなって，彼女は夢想から醒めた)

(a) の使役・移動構文は「方向の変化」を表し，(b) の結果構文は「状態の変化」を表すと言ってよい。そして，(b) は，(a) から「状態の変化は場所の変化」という，メタファー的拡張 (metaphorical extension) によって生じたと説明される。たとえば，次の (16) の文は「彼は飲み過ぎて，ついに墓場に入ってしまった」ということで，「方向」から「結果の状態」へのメタファー的移行を示す適例となっている。「墓場に入った」(方向) というのは，「死んだ」(結果) のメタファーにほかならないからである。

(16) He **drank** [*himself* into the grave].

Jackendoff (1992: 228) が指摘するように，V [NP XP] という構造において，XP (=任意の句) が前置詞句の場合は，get ... by -ing でパラフレーズし，XP が形容詞の場合は，make ... by -ing でパラフレーズするのが最も適切である。

(17) Charlie laughed himself into stupor. →
    Charlie **got** himself into a stupor *by laughing*.
(18) The gardener watered the tulips flat. →
    The gardener **made** the tulips flat *by watering them*.

さて，結果構文 (および使役・移動構文) に現れる動詞は，make/get/let のような，プロトタイプ的使役動詞であるか，または，V [NP XP] という鋳型 (template) の V の位置に"手段"の意味を内蔵する動詞をはめ込むことによって，一律に使役動詞化 (causativize) されていると考えられる。その意味で，出自を問わず，結果構文 (および使役・移動構文) に現れる動詞は，おしなべて使役動詞という同一のステータスをもっている，としなければならない。あるいは，手段中立的なプロトタイプ的使役動詞 (*ie* make/get/let) の上に"手段動詞"が重ね (superimpose) られていると言ってもよい。

これに対して，手段動詞を用いない，make/get/let などのプロトタイプ的使役動詞の場合，使役性はあっても，手段の意味を含まないので，当然，by -ing による書き替えはできない。

(19) Histories **make** [*men* wise].　　　(Bacon, 'Of Studies')
    (歴史は人を賢くする)
(20) Sue **let** [*the water* out of the bathtub].

(スーはバスタブから水を抜いた)

　従来の研究では，次の (21a) は (21b) を伴立 (entail) するとか，(21a) の their house は paint の直接目的語であるとかという記述からうかがえるように，(21a) と (21b) の paint を同一のものと見るのが通例であった。

(21) a.　They **painted** their house green.
　　　　(彼らは家にペンキを塗って緑色にした)
　　b.　They **painted** their house.
　　　　(彼らは家にペンキを塗った)

しかし，この二つの動詞は，同一のものではない。(21b) の paint は「ペンキを塗る」という意味の他動詞であるが，(21a) の paint は使役動詞化されて，「ペンキを塗って...にする」という意味を表しているからである。英語の場合は，(日本語と違って) 使役動詞が特別な形態をもっていないことが，この決定的に重要な差異の認識を妨げる原因になっていると考えられる。

10.10.　force タイプ (SVOC 型)

　このタイプには，大きく，二つの種類がある。

that 節をとらないもの

　この文型は，典型的な「不定詞付き対格」と称されるもので，次のような動詞が含まれる。

(1)　challenge, compel, constrain, dare, force, incite, instigate, oblige, permit, persuade, prompt, provoke, tempt, etc.

いずれも「人に働きかけて...させる」という意味をもっている。O は，補文の外にあり，直接目的語として動詞の働きをもろに受ける。次の例では，父親は直接に私にプレッシャーを加えて，その結果，私は来るのである。主文の目的語 me（厳密には，to 不定詞の意味上の主語（Δ で表す＝生成文法の PRO）は to 不定詞の主語として働いている。

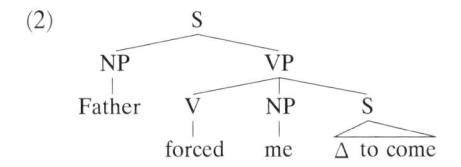

(2)
```
           S
         /   \
        NP    VP
        |    /  \
      Father V   NP   S
             |   |    ‾‾‾
           forced me  Δ to come
```

これらの動詞のとる文型は真の SVOC 型で，that 節への書き替えはできない。

(3) The rain **compelled** *us* to stop the ball game.
   （雨のため，われわれはやむなく球技を中止した）

(4) I **was constrained** to tell a lie.
   （私は余儀なくうそをついた）〈格式的〉［通例受け身］

(5) Hunger **drove** *him* to steal bread.
   （ひもじさに駆られて，彼はパンを盗んだ）

(6) He **challenged** *me* to fight.
   （彼は，私にかかってこいと挑んだ）

(7) He **instigated** *the workers* to go out on strike.
   （彼は，労働者を扇動してストライキをやらせた）

(8) Poverty **obliged** *him* to commit this crime.
(貧乏に負けて彼はこの犯罪を犯した)

(9) Nobody could **persuaded** *Jill* to change her mind.
(だれもジルを説きつけて気持ちを変えさせることはできなかった)

(10) What **provoked** *you* to do that?
(何に憤慨してあんなことをしたのか)

(11) Nothing would **tempt** *me* to live here.
(どうあってもここに住む気になれない)

help もこのクラスに加えてよい。to はよく省略される。

(12) I **helped** *my father* (to) paint the fence.
(私は父がフェンスにペンキを塗るのを手伝った)［父が主役］

場面から推測可能な目的語を削除すると，help do の構文が生じる。

(13) You can **help** φ paint the fence.
(フェンスにペンキを塗るのを手伝ってくれてもいいよ)
[=help me (to) paint]

(14) She'll **help** φ make you forget.
(彼女が手伝って忘れさせてくれるよ)
[=help you (to) forget]

help を受動態にすると，to 不定詞が現れる。

(15) They **were helped** to build their house.
(彼らは，家を建てるのを手伝ってもらった)

NB 1 Wood (1962: 107), Quirk et al. (1972: 841), Dixon (1991: 199) は，help の場合，to のない構文は「直接的な援助」(「近いほうが効果が強い」というメタファーを想起されたい)，to のある構文は「間接的な援助」を表すとしている。この考え方によれば，下の a. 文では，ジョンが半分プディングを食べ，b. 文では，ジョンは病人のメアリーにスプーンでプディングを食べさせた，という意味になる (Dixon)。

a. John *helped Mary eat* the pudding.
b. John *helped Mary to eat* the pudding.

以上の文法書は，いずれも〈英〉の文法書であるが，〈米〉の文法書である Celce-Murcia & Larsen-Freeman (1999: 637) では，「to は随意的」と述べているだけで，意味の違いに言及していない (ただし，形式が異なれば必ず意味の違いがあると考える Bolinger (1977: 75) は，当然，上記の意味の違いを認めている)。一方，OALD[7]などは，to が落ちるのは略式体，または話し言葉である，すなわち，両者の違いはスタイルの差としている。結局，a. 文，b. 文の意味の違いは，主に〈英〉における傾向と考えておきたい。

NB 2 この型に現れる to 不定詞が「方向」の原義をとどめていることは，次のような，方向の前置詞句を伴う文との平行性によってもうかがえよう。

a. His words incited the people **to rebellion**.
（彼の言葉に扇動されて，民衆は反乱を起こした）
b. Poverty obliged him **to this crime**.
（貧乏に負けて，彼はこの犯罪を犯した）
c. This clue helped me **to a solution**.
（この手がかりのおかげで解決策が見つかった）
d. The sight of the jewel tempted him **into stealing**.
（その宝石を見て，彼は盗みを働く気になった）
e. They forced John **into submission**.
（彼らはむりやりにジョンを服従させた）
f. Jeff's impudence provoked her **into slapping his face**.
（ジェフの厚かましさにカッとなって，彼女は彼の横っ面を

ひっぱたいた)

that 節をとるもの

command, order, require, request, beg, urge のような, 「命令・依頼」の動詞が to 不定詞を補文 (＝文形式の補部) にとる場合も, 前項の動詞と同様, SVOC 型に属する (前述したとおり, Δ は, 目に見えない不定詞の主語 (＝生成文法の PRO) を表す)。

(16) The general **commanded** *his troops* [Δ to retreat].
(将軍は, 軍隊に退却するように命じた)

(17) The judge **required** *me* [Δ to give evidence].
(判事は私に証言することを求めた)

(18) She **begged** *John* [Δ not to go].
(彼女はジョンに行かないでくれと頼んだ)

(19) Moira **urged** *me* [Δ to get in touch].
(モイラは, 私に連絡するようにせがんだ)

これらの動詞の目的語は, that 節として実現することもあるが, その場合は, that 節全体が目的語となって, SVO 型の文型となる。補文の動詞は叙想法現在だが, 〈英〉ではその代用形の should を使うこともある。

(20) The general **commanded** [*that* the city (should) be attacked]. (将軍は, その都市を攻撃するように命じた)

(21) She **begged** [*that* she (should) be allowed to go].
(彼女はどうか行かせてほしいと頼んだ)〈格式体〉

(22) The situation **requires** [*that* he (should) be present].

(この状況では,彼は出席することが必要だ)

(23) The report **urged** [*that* all children (should) be taught to swim].

(報告書は,すべての子どもに泳ぎを教えるように要請していた)

次の二つの文を比較されたい。

(24) a. The captain **ordered** *John* [Δ to shoot the prisoners]. (隊長は,ジョンに捕虜を銃殺せよと命じた) [SVOC]

b. The captain **ordered** [*that* John (should) shoot the prisoners]. (隊長は,ジョンに捕虜を銃殺させよと(だれかに)命じた) [SVO]

すなわち,(24a) では,ジョンに直接に命令しているのに対して,(24b) では第三者を介して間接的に命令しているのである。この二つの文を受動文にすると,次のように,違いが明白になる。

(25) a. John was ordered to shoot the prisoners.

b. It was ordered that John (should) shoot the prisoners.

NB 〈米〉では,say は tell のように扱われて,to 不定詞をとることがしばしばある.

a. He **said** *to get* a move on.

(彼はさっさと始めろと言った)

b. Teacher **says** (= tells us) *to come* early.　　(Curme 1931)

(先生は(私たちに)早く来なさいと言っている)

表現されていない to 不定詞の主語は,*a.* では場面から推定される人であり,*b.* では us であることが場面から推論できる.

Catherine Mansfield の *Prelude* にも,次の例が見える。

- c. She *says to button up* your coat.
   (彼女は上着のボタンをかけなさい,と言っている)
   [= says for you to]

主語を明示したければ,for NP to do の構造を用いる。

- d. "She *say for you to come* when you up," the negro said.
   (Faulkner, *Sanctuary*)
   (「あなたが起きたら来るように,あの人が言ってる」と黒人が言った)

OED[1] では,この語法は〈廃語〉(obsolete) としていたが,OED[2] では,レーベルを変えて,現代の口語体 (modern colloq.) としている。このステータスの変化は,〈米〉の影響と考えられる。

- e. Father *said for Chris to take* one of the lanterns.
   (父はクリスにその提灯を一つ取るようにと言った)

10.11. I advised her to see a doctor. のタイプ (SVOO 型)

advise, promise, teach, tell, warn などの少数の動詞は,補文として「O + to 不定詞」,「O + that 節」を伴う。どの動詞も,概略,「x が y に z を告げる」といった構造的意味をもつ 3 項動詞である。

「O + to 不定詞」

Quirk et al. (1985: 1218),Jespersen (1937: 49) は,これらの動詞のとる文型を SVOO 型と見ている。

(1) Police **advised** *people* [Δ to stay at home].
    S   V   O   O

(警察は人々に外へ出ないように忠告した)

これを図示すれば，次のようになる。

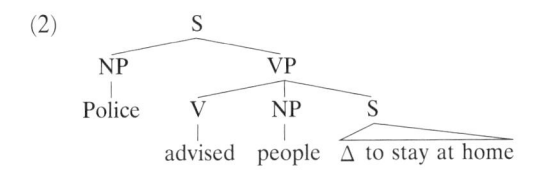

(2)
```
            S
       ／      ＼
      NP        VP
      │    ／   │   ＼
    Police  V   NP    S
            │   │    ／＼
         advised people Δ to stay at home
```

上の例で，to stay の主語が people（厳密には，補文の意味上の主語Δ）であることは，that 節に書き替えた場合，明らかになる。

(3) Police **advised** *people*$_i$ that they$_i$ (should) stay at home．（同上）

類例を加える。

(4) I **told** *John* [Δ to see a doctor].
   （ジョンに医者に診てもらえと言った）
(5) I **warned** *her* [Δ not to walk home alone].
   （一人で歩いて帰宅してはいけないと彼女に注意した）
(6) Father **taught** *me* [Δ to swim].
   （父は私に泳ぎを教えてくれた）

次例において，to 不定詞の内容が**技術**（skill）を表す場合は，how to とすることができる。その場合，直接目的語の名詞性はいっそう顕著になるのが感じられる。

(7) My uncle **taught** *me* [how Δ to drive].
   （おじが車の運転の仕方を教えてくれた）

*teach sb to love/believe などと言えないのは，人を愛したり，

何かを信じたりすることは,「技術」ではないからである。

なお, **teach** は, 話し言葉で「懲らしめる」(punish) という反語的 (ironical) な意味で用いられる。

(8) I'll **teach** *you* [Δ to call (= punish you for calling) me a liar]! (ぼくをうそつき呼ばわりなんかしたら, ひどい目にあわせるぞ!)

以上の例では, to 不定詞の (意味上の) 主語は主文の目的語であるが, 次の promise の場合, to 不定詞の (意味上の) 主語は主文の主語である。「約束した」人が約束を果たす義務を負うのは当然だからである。†

(9) He$_i$ **promised** *me* [never Δ_i to show up late again].

(BBI^2)

(彼はもう二度と遅刻はしませんと私に約束した)

「O + that 節」

上述したように, このクラスの動詞は,「O + that 節」を補部にとることができる。〈英〉では,「O + that 節」においてshould をつけることもある。この場合も, 文型は SVOO 型と見ることができる。

(10) I **advised** *Mary* that she (should) wait.

(私はメアリーに待つように助言した)

---

† OALD^7, MED, LDCE^4, COBUILD^3 などの辞典は, promise sb to do の文型を認めていない。この文型を認める BBI^2 は,「しばしば否定構文で用いられる」と付注して, この例を示している。

(11) He **promised** (*me*) that he would never show up late again. (彼は二度と遅刻しないと約束した)

(12) The accident **taught** *him* that he should be more careful.
(その事故で彼はもっと注意しなければいけないと悟った)

(13) I **told** *John* that he (should) see a doctor.
(私はジョンに医者に診てもらいなさいと言った)

(14) I **warned** *you* that if you did it again you would lose your job.
(君がもう一度そんなことをしたら首にするぞ,と警告したぞ)

ask, *advise*, *show*, *tell* などの動詞は,疑問の意味を含むので,「O + wh 節」をとる(ただし,show は to 不定詞構文のほうはとらない)。

(15) Meg **asked** *me* if I would give her English lessons.
(メグは私に,英語を教えてもらえるかと訊いた)

(16) **Show** *me* how this machine works.
(この機械がどのように作動するのか教えてください)

(17) They **advised** *us* what to/what we should wear in the tropics.
(彼らは,熱帯地方では何を着たらいいか,助言してくれた)

(18) Don't **tell** *me* what to/what I should do.
(私に向かって,ああしろこうしろと言うな)

さて,Quirk et al. (1985) がこれらの文型を SVOO 型とする統語的な証拠は,次の4点である。

① to 不定詞を NP で置き替えても，その NP はやはり DO である（例文は，著者の追加分を含む。ただし，warn にはこの構文はない）。

(19) We **asked** the students *something/a question*.
（学生たちにあること／一つの質問をした）

② to 不定詞は，DO が What という疑問詞になっている文の答えに使用される。

(20) What did you ask the students?—We asked them *to attend a lecture*. （学生たちに何を求めたのか——ある講義に出席することを求めたのだ）

③ to 不定詞を擬似分裂文（pseudo-cleft sentence）の焦点（focus）の位置（＝be のあと）に置くことができる（安藤注：これは，to 不定詞が NP である証拠である）。

(21) ?What they asked the students was *to attend a lecture*.
（彼らが学生たちに求めたのは，ある講義に出席することだった）

F. R. Palmer (1988[2]: 213) はもっと積極的に，次のような，擬似分裂文への書き替えを認めている。

(22) What I asked (him) was *to come early*.
（私が（彼に）求めたのは，早く来ることだった）
(23) What I advised him was *to come early*.
（彼に勧めたのは，早く来ることだった）

④ SVOO 型と同様に，IO を受動文の主語にすることができ

る。

(24) **The students** were asked to attend a lecture.
(学生たちは,ある講義に出ることを求められた)

NB 1 以上の文型を SVOO 型と見ることには,若干の疑義が残る。たとえば,ask は,We asked the students a question. では「尋ねる」という意味であり,I asked him to come early. では「求める,命じる」である。

NB 2 次の諸例は,ここで考察している文型に表層では似ているが,いずれも SVOA 型で,that 節の前に of が省略されている(that 節は A)。

a. John **convinced** *me* (that) he was right.
(ジョンは,自分が正しいことを私に納得させた)
[cf. She **convinced** me **of** her sincerity.]

b. Mary **reminded** *me* that we had met before.
(メアリーは,私たちが以前会ったことがあることを思い出させてくれた) [cf. He **reminded** me **of** my promise.]

c. Finally I **persuaded** *her* that he is innocent.
(彼が無実なことを彼女にやっと納得させた)
[cf. I **persuaded** her **of** his innocence.]

11 基本文型のまとめ

　以上，英語の基本文型を検討してきた。その際，義務的な副詞語句 A を文の必須の要素として認める立場をとった。A をとる文型を，従来の5文型に加えることで，次のような，八つの文型を設定したことになる（言うまでもないが，数字には意味はない）。

　　英語の基本文型
1　SV：　　　　Birds fly.
2　SVA：　　　 He lives in London.
3　SVC：　　　 He became rich.
4　SVCA：　　　I am aware of the danger.
5　SVO：　　　 I've lost my key.
6　SVOA：　　　John gave a book to Mary.
7　SVOO：　　　John gave Mary a book.
8　SVOC：　　　They elected Dick chairman.
　　　　　　　　John forced me to go.

すなわち，SVOO，SVOC 型を除くすべての文型に A を必要とする動詞がある，ということである。このうち，SVOC 型は，必ず埋め込み文を含んでいる点でわかりにくく，また問題が多い

ことを見た。教科文法でも，SVOC型を生徒に十分に理解させるためには，たとえば，John forced Mary to go. のようなSVOC型を十分に理解するためには，非公式的であっても，たとえばJohn forced Mary [Mary to go]. のように，Cの内部にもう一つの文が埋め込まれていることを認識させる必要がある。「行った」のはだれか，John か，それとも Mary かと問うならば，おのずと to go の主語を考えさせることになるだろう。あるいは，およそ動詞があれば，必ず主語があるはずだ，とヒントしてもよい。

あるいは，Look at [it rain]. のような文では，何を見るのか，it なのか，it rain なのかと訊くのもよい。生徒にものを突き詰めて考える訓練を与えない教育は，教育の名に値しないのである。

さて，英語には，上記の八つの基本文型の網の目を漏れるような文が，まだいくつか存在している。しかし，その種の文は，おおむね，基本文型に変形操作を加えて派生されたと説明できるように思われる。以下，そういった"派生文型"の生成について考察するのが，第III部の課題である。

III

派生文型

12 tough 構文

12.1. He's easy to please. のタイプ

この構文は，次のような述語（predicate）（＝形容詞・名詞）をとる。

(1) ［難・易］difficult, tough, hard, impossible, a bitch（〈米口〉むずかしいもの），easy, simple, a breeze（〈口〉易しいこと），a snap（〈米〉楽な仕事）；［快・不快］a pleasure, comfortable, pleasant；［安全・危険］safe, dangerous

次の三つの文を考察してみよう。

(2) a. **To please John** is easy. ［主語不定詞］
  b. It is easy **to please John**. ［外置不定詞］
  c. **John** is easy **to please**/*please him. ［目的語上昇］

(2a) は主語不定詞の例，(2b) は to 不定詞を文末に外置（extrapose）した例であり，両者は概略，「ジョンの機嫌をとるのはやさしい」という意味を表し，to 不定詞は名詞的に働いている。一方，(2c) は「ジョンは機嫌をとりやすい」という主語の

151

特徴づけを表していて,to 不定詞の働きは副詞的である(「機嫌をとるのにやさしい」というふうに,「範囲指定」(infinitive of specification) を行なっている)。

Biber et al. (1999:728) によれば,主語不定詞は一般に少なく,目的語上昇(より普通には,tough 構文 (*tough*-construction))は,外置不定詞よりもやや頻度が高い。つまり,これら3種の文のうちで tough 構文の使用頻度が一番高い,と言うのである。

まず,それぞれの述語がとる3種類の構文を挙げてみよう。

(3) a. To teach Mary is a pleasure.
(メアリーを教えるのは楽しい)
b. It is a pleasure to teach Mary. (同上)
c. Mary is a pleasure to teach/*teach her. (同上)
(4) a. To solve this problem is difficult.
(この問題を解くのはむずかしい)
b. It is difficult to solve this problem. (同上)
c. This problem is difficult to solve/*solve it.
(この問題は解きにくい)

次に,(c) の tough の構文の例だけを挙げる。不定詞に目的語を付けると非文法的になるのは,主語が to 不定詞の"潜在目的語"(implict object) として働いているためである。

(5) These milk cartons are real bitch *to open/*open them*. (こういう牛乳カートンは実に開けにくい)
(6) This problem is difficult/a breeze *to solve/*solve it*.

(この問題を解くのは難しい／朝飯前だ)

(7) John is tough *to tease/*tease him*.
(ジョンは、いじめにくい)

(8) Esperanto is a snap *to master/*master it*.
(エスペラント語は、マスターしやすい)

前置詞付き動詞が他動詞として働いている場合にも、この構文が用いられる。

(9) Bill's very easy *to get on with/*with him*.
(ビルは、とても付き合いやすい)

(10) The old man is very difficult *to talk to/*to him*.
(あの年寄りは、とても話しかけにくい)

(11) The street is dangerous *to play in/*in it*.
(道路は、遊ぶのは危険なところだ)

(12) This house is comfortable *to live in/*in it*.
(この家は、住むのに快適だ)

(13) That man is impossible *to work with/*with him*.
(あの人は、とてもいっしょには働けない)

他動詞の例では、主語が to 不定詞の遡及的 (retroactive) な目的語になっており、「自動詞＋前置詞」の例では、主語が前置詞付き動詞の目的語になっている。以上でわかることは、tough 構文の主語は、意味論的には主語ではなく、to 不定詞の潜在目的語である、ということである。to 不定詞が目的語をとれないということは、とりもなおさず、主語が潜在目的語としてとらえられ (construe) ている証左である。

Jespersen (MEG V: 221) は,上記のような,先行する主語を"さかのぼって"論理的な目的語とする不定詞を**遡及的不定詞** (retroactive infinitive) と呼び,OED^2 (s.v. *To* B.11.a(c)) は,**潜在目的語** (implicit object) と呼んでいる。

以上の観察から,tough 構文の主語について,次のような制約 (constraint) を設けることができる。

(14) tough 構文の主語の制約:
tough 構文の主語は,to 不定詞または前置詞の潜在目的語でなければならない。

そうすると,次の二つの文は,この制約を満たしているので,ともに文法的な **tough 構文**である (*t* は移動した名詞句の痕跡 (trace))。

(15) [This sonata] is easy to play *t* on this violin.

(このソナタは,このバイオリンで弾きやすい)

(16) [This violin] is easy to play this sonata on *t*.

(このバイオリンでは,このソナタが弾きやすい)

ところが,(15) の this violin と (16) の this sonata とをそれぞれ wh 句にすると,次に示すように,前者は文法的になるが,後者は日本語に翻訳できないほど非文法的になる。

(17) a. [Which violin] is this sonata easy to play on?
(このソナタは,どのバイオリンで弾きやすいのか)

b. *[Which sonata] is this violin easy to play on?

(17b) の非文法性は，不適切な wh 移動によるもので，tough 構文とは無関係である。このような文法性の非対称性は，"violin-sonata paradox" と呼ばれ，これまでもいくつかの説明が提案されてきたが，私見では，いずれも見当外れだと思われる。なぜなら，このパラドックスなるものは，むりやりに wh 移動を行なった結果，生成文法家が自ら陥った paradox にほかならない。すなわち，play on するのはバイオリン（楽器）でなければならないのに，(17b) では，sonata（音楽）を play on するという nonsensical な非文を作ってしまうからである。

そもそも，which sonata, this violin, is easy, to play, on という五つの言語材料を用いて，which sonata を疑問の焦点とする文法的な文を作成せよ，と言われたなら，正解は，次の (18) 以外にはありえないということは，教養ある英語母語話者に質してみても明らかである。

(18)　Which sonata is easy to play on this violin?

NB 1　ひところ，John is easy to please. という tough 構文において，John が please の目的語の位置から移動しているとすれば，格理論に抵触する，なぜなら，John は please から対格を付与されるので，主語の位置へ移動して主格を付与されると，格の衝突 (conflict) が起こるからである，とされた時期がある。いわば，格理論の自縄自縛である。

むしろ，tough 構文を発話する段階では，まだ主語の格の値 (value) は決まっていない (unvalued) のであり，動詞と主語それぞれの特徴との一致によって格の値（=主格）が決まってくる，と言うべきであろう。この考えは，最近のミニマリズムの考え方と軌を一にするもの

である。

一方，Quirk et al. (1985: 1394), Swan (1995: 270), Biber et al. (1999), Huddleston and Pullum (2002: 1247) などは，本章冒頭の三つの文を関係づけて論じている。私見では，これらの構文を変形で関係づけるのではなくて，目的語を話題に据えたからには，その話題を潜在的な目的語としてとらえるのはきわめて自然である，というふうに考えるべきである。たとえば，次の日本語の例を見られたい。

 a. この本は，読みやすい。
 b. この薬は，飲みにくい。

この日本語に接した人なら，小学生といえども，読みやすいのは「この本」であり，飲みにくいのは「この薬」であることを理解するはずである。つまり，このままの位置で，「本」は「読む」の，「薬」は「飲む」の潜在目的語であることを理解するのである。これは，子どもが目的語という文法用語を知っているという意味ではない。彼らは，「何が読みやすいの」と訊かれたら，間違いなく「この本」と答えるだろうし，「何が飲みにくいの？」と訊かれたなら，間違いなく「この薬」と答えるだろう，という意味である。

NB 2 この種の形容詞は，限定的 (attributive) に使うこともできる。

 a. This is **a tough nut** to crack.
    (これは厄介な問題だ)
 b. This is **a difficult question** to answer.
    (これは答えにくい質問だ)

NB 3 tough 構文とはやや異なるが，主語が不定詞の潜在目的語になっている例は，bad, fit, good, nice, ready のような「適否」を表す形容詞や，too のあと，enough の前にくる形容詞の場合にも見いだされる。

 a. The water in this well is not good *to drink* / **drink it*.
    (この井戸の水は，飲むのに適さない)
 b. The peaches are ripe and ready *to eat* / **eat them*.
    (このモモは，熟していて食べごろだ)
 c. It's not a bad place *to live in* / **in it*.
    (そこは，住みにくい場所ではない)

d. Mary is beautiful *to look at*/*at her*.
  （メアリーは見るからに美しい）
  e. This tea is too hot *to drink*/*drink it*.
  （この紅茶は熱くて飲めない）
  f. The radio's small enough *to put*/*put it* in your pocket.
  （このラジオは，小さいのでポケットに入れられます）

これらの文は，次のようなパラフレーズができない点で，tough 構文とは異なる。

  g. *It is beautiful to look at Mary.
  h. *It is too hot to drink this tea.

NB 4 impossible と異なり，possible は tough 構文に使用できないので，It's possible の構文に書き替えなければならない。

  a. *Our team is possible to defeat. →
  b. It's possible to defeat our team.
  （わがチームを負かすことは可能だ）

12.2. This problem is too difficult to solve. の構文

次の二つの文を比較されたい。

  (1) This problem is too difficult *to solve*/*solve it*.
  (2) This problem is too difficult for me *to solve*/*solve it*.

(1) は tough 構文で，上述したように，主語が to 不定詞の「潜在目的語」として働いているので，代名詞目的語 it を付けることはできないが，(2) のように，for NP という to 不定詞の主語が付いた構文では，it の挿入は随意的 (optional) になる。

Swan (2005: 168) は，以下の文を示して，文の主語が不定詞の目的語になっている場合（＝前節の遡及的不定詞）は，普通，目的語を付けないが，for NP を伴う構文では，目的語を付ける

ことが可能であると述べている。

(3) Those tomatoes aren't ripe enough *to eat*. [NOT ... ~~to eat them~~]
(このトマトは,熟れていないので食べられない)

(4) Those tomatoes aren't ripe enough for the children *to eat/eat them*.
(このトマトは,熟れていないので子どもには食べられない)

(5) The radio was small enough for me *to put/put it* in my pocket.
(このラジオは小さいのでポケットに入れられた)

Swan は,なぜ,for NP のある構文では目的語を付けることができるのかについては,何も言っていない。それに答える前に,次の類例を見てみよう。

(6) a. This problem is too difficult for Bill *to solve*.
(この問題を解くのは,ビルにはむずかしすぎる)
b. This problem is too difficult for Bill *to solve it*.
(この問題は,ビルが解くにはむずかしすぎる)

(6a) は,(6b) の it を随意的に削除して得られたものではなく,(6a, b) は,それぞれ,次のような,異なる構造をもっているのである (cf. Lasnik & Fiengo 1974)。

(6) a′. This problem is too difficult for Bill | to solve.
b′. This problem is too difficult | for Bill to solve it.
[| は,休止 (pause) の置かれる位置を示す]

(6a′) の for は前置詞, (6b′) の for は補文標識である。ここでわかることは, (6a′) のように, for が前置詞の場合は, to 不定詞が遡及的に働くため, 目的語を付けることができないが, (6b′) のように, for が to 不定詞を導く補文標識として働く場合は当然目的語を付けることができる, ということである(完全文の中に目的語が現れるのは, むしろ当然である)。つまり, (6a′) は tough 構文であるが, (6b′) はそうではない, ということになる。

この説明は, よく教壇で問題になる, 次の2種類の構文についてもあてはまる(質問の要点は, はたして it はいるのか, いらないのか, ということである)。

(7) a. This book is too difficult for me | to read.
    b. This book is too difficult | for me to read it.

コーパスで検索しても, (7a) の構文 (= tough 構文) が (7b) の構文よりも圧倒的に頻度が高いのがわかるが, それは, 難易の形容詞は「x にとってむずかしい／易しい」という意味で, for を伴うことが多い――したがって, (7a) の文のような休止の置き方のほうがはるかに自然である――ということの帰結であるとしてよい。

それでは, 次のような, to 不定詞の目的語が, 普通, 省略されない場合をどう説明したらいいだろうか。

(8) He ran too quickly | for me *to catch him*.

(Hornby 1975)

（彼があまり速く走るのでついて行けなかった）

(9) He was too near | for me *to avoid him*.

(Curme 1931)

（彼があまり近くにいたので，避けることができなかった）

これらの文の for は補文標識であり（筆者が挿入した休止の位置，ならびに for の前が難易の形容詞でないことにも注意），to 不定詞は，それぞれ too quickly, too near という副詞句を修飾しているのであって，主語を「潜在目的語」にしているのではないため，不定詞自体の目的語が必要なのだ，と説明される。

参考までに，難易の形容詞を限定する前置詞の for と，補文標識の for の両者が一つの文に生じている例を挙げておこう（休止の可能性を示す｜の挿入は，筆者のもの）。

(10) It would be tough *for John* | for his wife to accept this view. (Lasnik & Fiengo 1974)

（妻がこの見解を受け入れることは，ジョンにとってはつらいことだろう）

(11) It is important *for me* | for you to visit my mother.

(Postal 1974)

（あなたが私の母を訪ねてくれることが，私にとっては重要なんです）

(12) It would be unpleasant *for us* | for it to rain now.

（いま雨が降ったら，私たちも困るだろう）

13 代換変形による構文

13.1. 供給動詞

供給動詞 (verbs of providing) は，それぞれ，(a), (b) の二つの構文をとり，(a) 文が基底型で，(b) 文は (a) 文から派生されると考えられる。ここでは，文中の2語の位置を互いに置き替える**代換** (hypallage) によって動詞の目的語と前置詞の目的語が互いに置き替えられている。文型は，ともにSVOA型。

(1) a. Cows supply **milk** to *us*.

   b. Cows supply **us** with *milk*.
   （牛は私たちに牛乳を供給する）

ただし，両文は同義ではない。認知言語学の用語で言えば，(a) 文では「物」が，(b) 文では「人」が，プロファイル (profile) されている。つまり，動詞に近い目的語がプロファイルされるのである。Lakoff & Johnson (1980) 流に言えば，「近いほうが力が強い」のである。

類例を挙げてみよう。

(2) a. We provided **blankets** for *the refugees*.
   b. We provided **the refugees** with *blankets*.
   (われわれは避難民に毛布を供給した)

(3) a. He can furnish **the necessary information** for *us*.
   b. He can furnish **us** with *the necessary information*.
   (彼は私たちに必要な情報を提供できる)

(4) a. We'll issue **a travel warrant** to *you*.
   b. We'll issue **you** with *a travel warrant*.
   (われわれは君に旅行証明書を発行しよう)

13.2. 所格交代構文

load, plant, spray など「所格交代」(locative alternation) を示す動詞では、(a) 文では「物」が、(b) 文では「場所」が、プロファイルされる。もちろん、(a) 文が基底形であり（日本語の発想と同じ）、(b) 文が派生形である。文型は、ともに SVOA 型。

(1) a. Bill loaded **hay** onto *the truck*.
   b. Bill loaded **the truck** with *hay*.
   (ビルは、トラックに干し草を積んだ)

(2) a. Mary planted **roses** in *the garden*.
   b. Mary planted **the garden** with *roses*.
   (メアリーは、庭にバラを植えた)

(a) 文では、干し草がトラックの一部に積まれ、バラが庭の一部に植えられたという「**部分的解釈**」(partitive interpretation) を受けるが、(b) 文では、トラック一杯に干し草が積まれ、庭一面

にバラが植えられたという「**全体的解釈**」(holistic interpretation) を受ける。すなわち，「場所」が直接目的語になったときに限って，全体が影響を受けると解釈されるのである。次の場合も，同様。

(3) a. Max sprayed **paint** on *the wall*.
    b. Max sprayed **the wall** with *paint*.
    (マックスは壁にペンキを吹きつけた)

14　名詞句移動による構文

　英文の中には，名詞句を移動しないかぎり文法的な文にならない構文がある。そして，典型的な名詞句移動は，**受動化** (passivization) と**繰り上げ** (raising) の際に生じる。

　受動化は，動詞の目的語を新しい主語に，繰り上げは，補文の主語を主節の主語に，それぞれ，据える操作であるが，二つの移動に共通する特徴は，基底構造で空のままになっている主語位置を，表層で埋めるための"最後の手段"(the last resort) として義務的に適用される点である。

14.1.　受動化

　まず，受動化から考察していく。伝統文法や生成文法初期の 1960 年代には，(1b) のような受動文は，それに対応する (1a) のような能動文から，能動文の動詞を「be + 過去分詞」の形式に変え，能動文の目的語を受動文の主語に据え，能動文の主語をby 句にすることによって派生される，と考えられていた。

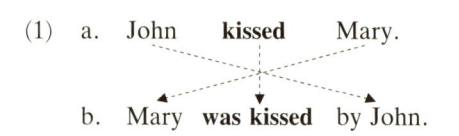

(1)　a.　John　**kissed**　Mary.

　　 b.　Mary　**was kissed**　by John.

現在では，受動文は，次のような，独自の基底構造をもつと仮定されている。

(2) [*e*] was kissed Mary by John

さて，この文の kissed の目的語 Mary を，空 (*e*, empty) になっている主語の位置へ移動して受動化が完成するわけだが，そのとき，次のような想定 (assumption) がなされている。

① 受動過去分詞は，非対格動詞 (unaccusative verb) なので（平たく言えば，形容詞の仲間なので）目的語に格を付与しない。
② 格フィルター (case filter)
音形をもつすべての名詞句 (NP) は，格をもたなければならない。
③ 拡大投射原理 (extended projection principle, EPP)
節は主語をもたなければならない。

受動過去分詞が目的語に格を付与できないとすれば，Mary は上述の②に抵触してしまう。そこで，格をもたない目的語は，EPP の要請によって，空になっている主語位置へ移動して，③を満足させると同時に，was から主格 (nominative case) をもらって，②をも満足させるのである。

もちろん，生成文法以外の受動化の説明も可能であって，たとえば，関係文法風に，「受動化は〈受動者〉(patient) を話題化 (topicalize) する操作である」と言うこともできる。そして，〈受動者〉を主語に選んだ以上，話し手は，受動形の動詞を選ばざるをえないことになる。この考え方で重要な点は，受動者名詞が話

題化されて主語に据えられるとき，まだ格は決まっていない，という点である (cf. §12.1, NB1)。主格は，述語動詞の格特徴によって付与されるのである。

> **NB 1** 受動文の基底構造において，Mary がこの位置を占める証拠を二つ示す．
> ① kiss が他動詞である以上，その右側に目的語があるのは当然である。
> ② この位置に Mary があったことは，Mary が移動したあとに痕跡 (t) が残っているため，その位置へ他の NP を挿入することができないという事実によって明らかである。
> *Mary was kissed Jane by John.
>
> **NB 2** 受動文の主語位置が空である証拠を二つ示す。
> ① たとえば，kiss は2項動詞であるから，基底構造において，[e] was kissed Mary by John. という二つの項が kiss の右側に生成されるので，主語位置は必然的に空 (e = empty) になる。
> ② [e] is said/believed/rumored that he is a great scholar.
> （彼は大学者だと言われて／信じられて／うわさされている）
> のような受動文では，that 節が外置されて文末に移動するので，主語位置は必然的に空になる。そこで，上記 EPP の要請に従って，虚辞 (expletive) の it が挿入されるのである。

14.2. 繰り上げ構文

次の二つの文を比較してみよう。

(1) a. **It seems** that Susan is a very sensible person.
b. Susan **seems** to be a very sensible person.
（スーザンは，とても分別のある人のようだ）

これら二つの文の知的意味 (cognitive meaning) は，同じであ

る(ただし，人を主語にした (b) 構文の頻度が圧倒的に高い)。そして，この二つの文の基底構造は，次のようなものである。

   (2) a. [*e*] **seems** that Susan is a very sensible person.
       b. [*e*] **seems** [Susan to be a very sensible person].

(b) 文の補文の人主語を文の〈話題〉にするために主文の主語の位置へ上昇させる操作は，中期英語から初期近代英語に移るころに起こった，非人称構文から人称構文への移行という，英語史上の事件を完全になぞるものである (cf. van der Gaaf 1904, Elmer 1981)。

seem は，歴史的に非人称動詞 (impersonal verb) であるから，基底では主語位置は空 (empty, *e*) である。そこで，(a) 文では，EPP の要請によって，虚辞 it を挿入して，文法的な文 (*ie* It seems that Susan is a very sensible person.) にする。

一方，(b) 文では，不定詞節中の主語 Susan は，このままの位置では格がもらえないので，前節の格フィルターに抵触してしまう (to は，欠陥カテゴリーなので，Susan に格を与えることができないのである)。そこで，EPP の要請によって，空所になっている主節の主語位置に Susan を繰り上げ，seems から主格を付与されて，文法的な文 (*ie* Susan seems to be a very sensible person.) となる。

このような操作を経て派生される構文を**繰り上げ構文** (raising construction) と言う。†

---

   † Jespersen (MEG V: 35) は，John seems to be clever. の主語は，Who seems? と問うことはできず，Who seems to be clever? のように問わ

さて、Susan seems to be a very sensible person. から、随意的に to be を削除すれば、表層では、

(3) Susan seems a very sensible person.

という SVC 型の文が得られるが、このような文は SVC 型として基底生成されるわけではないことに注意しなければならない。

繰り上げ述語には、次のようなものがある。

a. 非人称動詞: seem, appear, happen, chance, turn out

(4) Mary$_i$ happened/chanced [t_i to be out].
（メアリーはたまたま外出していた）［i は同一指標］

(5) The tape$_i$ turned out [t_i to contain vital information].
（そのテープは、重大な情報を含んでいることがわかった）

b. 形容詞: likely, certain, sure ［*probable は不可］

(6) John$_i$ is likely [t_i to win].
（ジョンが勝ちそうだ）

(7) Chris$_i$ is sure [t_i to succeed]. ［話し手の確信］
（クリスは、きっと成功する）
［= I'm sure that Chris will succeed.］

(8) Mary$_i$ is certain [t_i to pass the exam]. ［同上］
（メアリーは、きっと試験に合格する）

繰り上げ構文が埋め込み文を含んでいることは、知的意味を変

なければならないことを見てもわかるように、主語は John ではなく、John-to-be-clever であるとし、これを "分離主語"(split subject) と呼んでいる。この分析は、生成文法の繰り上げ分析を先取りするものと言ってよい。

えずに，この構文を that 節へ書き替えることが可能であることから明らかである。

(9) It happened/chanced that Mary was out.
(10) It turned out that the tape contained vital information.
(11) It is likely that John will win.
(12) It is certain that Mary will pass the exam.
　　　［この構文では，客観的な判断に変わる；*It is sure that ... は不可］

次の文では，繰り上げが 2 回にわたって行なわれている。

(13) John$_i$ seems [t_i likely [t_i to win]].
　　　（ジョンが優勝しそうに思われる）

ところで，これらの繰り上げ述語が，定形動詞節を伴う場合には，繰り上げは生じないことに注意。

(14) [*e*] happened that Mary **was** out.
(15) [*e*] is likely that John **will** win.

これらの例では，定形節の主語（Mary と John）は，定形動詞から，それぞれ，主格を付与されているので，主節に繰り上げられる理由がない。そこで，EPP の要請によって，空所になっている主節の主語位置に，虚辞の it が挿入されるのである。

(16) **It** happened that Mary was out.
　　　（たまたまメアリーは外出していた）

(17)　**It** is likely that John will win.

　　　（ジョンが勝ちそうだ）

NB　to 不定詞節中の主語 NP が主節へ繰り上げられた証拠を二つ示す。

　①　to 不定詞節中の主語の痕跡が，再帰代名詞の先行詞になれる。
　a.　John$_i$ seems to me [t_i to have perjured himself$_i$].
　　　（ジョンは偽証したように思われる）

再帰代名詞の先行詞は，必ず同じ節中になければならないが，ここでは，John の痕跡が himself の先行詞になっているので，文法的な文になっている。もしも，繰り上げと痕跡を仮定しないならば，この文の文法的な説明は不可能になるだろう。

　②　to 不定詞節中の主語の痕跡が，主語補語と数 (number) の一致をする。
　b.　They$_i$ seem to me [t_i to be fools/*a fool].
　　　（彼らはばかのように思われる）

15　there 構文

15.1.　従来の研究

まず,次のような"there 構文"(*there* construction)——存在文 (existential sentence) とも言う——を考えてみよう。

(1)　There is a fly in the mustard.
　　　（カラシの中にハエが入っている）
(2)　There was a car blocking my way.
　　　（車が行く手をふさいでいた）
(3)　There were peasants murdered every day.
　　　（毎日小作農が殺されていた）
(4)　There are three pigs loose.
　　　（ブタが3匹放されている）
(5)　There walked into the room a unicorn.
　　　（部屋の中に一角獣が入ってきた）

このような"there 構文"の生成については,いまだに定説はない。生成文法の初期のころは,次の (6a) のような深層構造から,(6b) のように,主語 NP を be の直後に移動し,空になった主語の位置に,(6c) のように there を挿入するという,二段構え

の変形操作を仮定するのが常であった。

(6) a. A fly is in the mustard. ［基底構造］
 b. ___ is *a fly* in the mustard. ［NP 後置］
 c. *There* is a fly in the mustard. ［there 挿入］

しかし，このような分析にはいくつかの問題点がある。第1に，(6c) のような there 構文は存在しても，それに対応する (6a) のような構文（＝叙述文［後述］）がない場合があることを説明できない。

(7) There was peace in the region.
 (その地域には平和があった)
 [cf. *Peace was in the region.]
(8) There is a flaw in the diamond.
 (そのダイヤモンドには疵がある)
 [cf. *A flaw is in the diamond.]
(9) There is no lid to this jar.
 (このジャーにはふたがない)
 [cf. *No lid is to this jar.]

第2に，NP の移動先は，空の非 θ 位置（＝意味役割をもたない位置）でなければならないのに，V の補部（＝be の右側の位置）は非 θ 位置ではない。したがって，そこへの NP 移動は許されない，という問題がある。

そこで，Stowell (1978) は，次の (10a) のような，主語の位置が空になっている存在文の基底構造を仮定し，そこへ there を挿入する方式（＝(10b)）と，there を挿入しない場合は，空いている主語の位置へ主語 NP を移動する方式（＝(10c)）の二

つの派生方法を提案している。

(10) a.　[e] was a car blocking my way.　([e] = empty)
　　 b.　[There] was a car blocking my way.　[there 挿入]
　　 c.　[A car] was blocking my way.　[NP 移動]
　　　　（車が行く手をふさいでいた）

しかし，少なくとも二つの理由により，there 構文では，空いている主語の位置への NP の移動は認められない。

第 1 に，上の (10b) と (10c) とは，厳密に言えば，同義ではない。すなわち，(10b) は，談話の舞台に新情報を担う名詞句を導入する働きをする**提示文** (presentational sentence) として，What happened?（何が起こったのか）という疑問文に答えるものであるのに対して，(10c) は，What was blocking your way?（何が君の行く手をふさいでいたのか）という疑問文に答えて，主語について何かを述べる**叙述文** (predicational sentence) であるから，同じ環境では使用できない。

言い替えれば，There was a car blocking my way. は単純判断を表す文であるのに対して，A car was blocking my way. は二重判断を表す文である。すなわち，前者は，提示文として無主題であるが，一方，後者は，A car という主題について叙述している。

第 2 に，そして決定的に，NP を移動すると，非文法的な文が生成される場合があることである。たとえば，次の各例において，(b) 文は文法的であるが，(c) 文は非文法的である（Quirk et al. 1985: 1404 を参照）。

(11) a. [*e*] is a parcel come for you.

b. There's a parcel come for you.
(あなた宛に小包が届いていますよ)

c. *A parcel is come for you. ［正しくは, *has* come］

(12) a. [*e*] is a new history of Indonesia published recently.

b. There's a new history of Indonesia published recently. (新しいインドネシアの歴史の本が最近出版された)

c. *A new history of Indonesia is published recently.
［正しくは, *has been* published］

15.2. there 構文の派生

be 動詞の場合

筆者自身の仮定する派生は，次のようなものである。

(1) 基底構造
　a. [*e*] is [a fly **in the mustard**]
　b. [*e*] was [a car **blocking my way**]
　c. [*e*] are [peasants **murdered**] every day
　d. [*e*] are [three pigs **loose**/***stupid**]

ここで，[ ] 内は [NP XP] という動詞のない**小節** (small clause, SC) をなしている。太字体の部分は，小節の述部 XP (任意の句) となりうるカテゴリーを示す。there 構文は提示文の仲間であるから，上の (1d) で見るように，小節に生起する形容詞は, stupid のような恒常的 [+permanent] なものではなく, loose (解き放たれた) のような非恒常的 [−permanent] なもので

なくてはならない。

  (2) there 挿入 (*there*-insertion)
    a. **There** is a fly in the mustard.
    b. **There** was a car blocking my way.
    c. **There** are peasants murdered every day.
    d. **There** are three pigs loose.

すなわち，基底構造では，存在の be は "非対格動詞"（unaccusative verb）（＝目的語の位置に主語をとり，これに対格を与えない自動詞，平たく言えば，存在・出現の自動詞もその一つ）として，主語がその右側に生じるので，定義上，主語位置 [*e*] は空いている。その空いている主語の位置へ，EPP の要請によって，θ 役割（＝意味役割）をもたない虚辞（expletive）の there が挿入されるのである。

> **NB** 存在文の主語位置は，ギリシア語・ラテン語や Chaucer などの英語では，現に空所になっていた。
>   *a.* Gk.   φ **esti** de autou ho kai aphulakton ēn.
>   (Thucydides, *History*)
>   (そこには無防備な場所がある)
>   *b.* L.   φ **Est** īnsula in ōceanō.
>   'Is (an) island in (the) ocean.'
>   *c.* ME.   φ **Was** nowher swich a worthy vavasour. (Chaucer, *Canterbury Tales*, 'General Prologue' 360)
>   'Was nowhere such a distinguished landholder.'

be 動詞以外の動詞

〈格式体〉では，be 以外に live, stand, remain, exist, come,

arise, enter, be born, happen, take place などの〈存在・出現〉を表す自動詞表現とともに用いられることがある（これらの動詞では，主語は定義上，非対格動詞の右側に生じるので，小節をなさない）。

(3) **There** once *lived* a wise king.
(むかし，賢明な王が住んでいた)

(4) **There** *arose* no problems.
(問題は何も持ち上がらなかった)

(5) **There** *took place* a strange accident.
(不思議な事件が起こった) [＝happened]

(6) **There** *was born* a child to them.
(二人に子どもが産まれた)

(7) **There** *was heard* a rumbling noise.
(ゴロゴロという音が聞こえた)

空の主語位置への there 挿入は，EPP の要請である。また，run, walk, amble (ゆるゆる歩く) などの非能格動詞 (unergative verb) (＝本来自動詞) は，それ自体では「移動」の動詞にすぎないけれども，run/walk/amble *into the room* のように，方向の前置詞句 (PP) と結びつけて使用された場合は，一つの複合動詞として，まぎれもなく「出現動詞」となる。

(8) **There** [*walked into the room*] a unicorn.
(その部屋に一角獣が入ってきた)
[cf. ??**There** *walked* a unicorn *into the room*.]

(9) **There** [*ran out of the bushes*] a grizzly bear.
(藪からハイイログマが走り出てきた)

(10) And **there** [*shot into his mind*] the thought: "I want to go home." (すると,「家に帰りたい」という思いが, 急に彼の心に湧いてきた)

(8) の cf. 文が不自然なのは, walk と into the room が離れてしまったため,「出現動詞」として認識されないことに起因する。

さらに, reach, cross, enter のような他動詞でさえも, 次例のように, 場所の目的語を伴って出現動詞という複合動詞（complex verb）を形成すること, したがって, 主語 NP の後置は義務的になることは注意されてよい。

(11) **There** [*reached his ear*] the sound of voices and laughter.
(しゃべったり笑ったりする声が彼の耳に聞こえてきた)

(12) **There** [*crossed his mind*] a most horrible thought.
(この上なく恐ろしい考えが彼の頭に浮かんできた)

(13) **There** [*entered the room*] an indescribably malodorous breath of air.
(何とも言えず臭い微風が, 部屋の中に入ってきた)

以上のように,「存在・出現」の自動詞は言うまでもなく, 運動の自動詞は, 方向の前置詞句を伴うことにより (*eg* walk *into the room*), 他動詞は, あるいは受け身になり (*eg* be held, be born), あるいは場所目的語をとる (*eg* reach his ear) ことによって, おしなべて自動詞的な出現動詞になることがわかる。

これらの［存在・出現］の動詞は, 談話の舞台へ新しい登場人物(つまり, 新情報を担った名詞句)を導入する働きをするという

特徴を共有している。存在文の主語が普通,不定名詞句 (indefinite NP) であるのは,このためである(「**定性効果**」(definiteness effect) と呼ばれる)。

(14) a. **There** *is* a dove in the cage. ［提示文］
      (かごの中にハトがいる)
   b. ***There** *is* the dove in the cage.
   c. cf. The dove is in the cage. ［叙述文］
      (そのハトは,かごの中にいる)

定名詞句の場合は,(14c) のように,主語について叙述を行なう叙述文の形式にしなければならない。

定名詞句の主語

しかし,主語名詞句が定冠詞を伴っていたり,固有名詞であったとしても,それが聞き手にとって未知の情報を担うものとして談話の場面に導入されるかぎり,there 構文で用いることができる点に注意しなければならない。

(15) There's **the possibility** that his train has been delayed.
   (彼の列車が遅れている可能性がある)

(16) Suddenly there ran out of the woods **the man** we had seen at the picnic.
   (突然,森の中から,ピクニックで見かけた男が走り出てきた)

(17) How many can we get for our group? — Well, there's **John**, and **Mary**, and **Bill** and ....
   (私たちのグループに何人加わってくれるだろうか——そうだね,ジョンとメアリーとビルと,それから......)

(15) の the は, that に導かれる同格節の影響によるもので, 順行照応的 (cataphoric) な (=右側の名詞を指示する) the である。(16) の the は, we had seen at the picnic という関係節の影響によるもので, 森から走り出てきたのがだれであるかは, 聞き手にとって不明であり, (17) は, "**リスト文**" (list sentence) と呼ばれるもので, 個々の項目は既知 (given) であっても, どんな項目がリストに入るかは聞き手にとって不明なのである。

　ここで, 筆者が主張していることは, 出身が自動詞・他動詞をとわず,「存在・出現」の動詞は, おしなべて非対格動詞と見ることができる, ということである。

15.3. 提示文と叙述文

Huddleston & Pullum (2002: 1397) は, 次の (b) 文のように, 主に主語が抽象物の場合は, 非 there 構文 (叙述文と言い替えてもいい) が許されない, と述べている。

(1) a.　There's *plenty of room* on the top shelf.
　　　　（一番上の棚にはたっぷり余裕がある）
　　b.　*Plenty of room is on the top shelf.
(2) a.　There was *sincerity* in her voice.
　　　　（彼女の声には誠実さがこもっていた）
　　b.　*Sincerity was in her voice.
(3) a.　There was *peace* in the region.
　　　　（その地域には平和があった）
　　b.　*Peace was in the region.

しかし，抽象名詞は非 there 構文に生じないという，この考え方では，Lakoff (1987: 558-9) が挙げている，次の (b) 文のような具体名詞すら非文になる場合を説明することができない。

(4) a. There is a flaw in the diamond.
(そのダイヤには疵がある)

b. *A *flaw* is in the diamond.

(5) a. There is no lid to this jar. (この瓶にはふたがない)

b. *No lid is to this jar.

(6) a. There's not much to him.
(彼にはあまり見所はない)

b. *Not much is to him.

(7) a. There's a great deal of merit in his theory.
(彼の理論にはたくさん取り柄がある)

b. *A great deal of merit is in his theory.

Lakoff は，上の (b) 文のように，二つの項の間に「部分と全体」の関係があるときは，非 there 構文は許されない，と主張している。この基準で，上記の例は一応説明できる。ところが，次の (b) 文のような時間関係を示す文では，「部分と全体」の関係がなくても容認不可能になるので，別の原理が必要になる，と Lakoff 自身が認めている。

(8) a. There's an hour before lunch.
(昼食までに 1 時間ある)

b. *An hour is before lunch.

(9) a. There's a concert at ten o'clock.

(10時にコンサートがある)

 b. *A concert is at ten o'clock.

さて，Huddleston & Pullum (2002) と Lakoff (1987) の意見の相違を，どのように止揚したらいいだろうか。

上の (b) 文の非文法性の説明としては，少なくとも二つ考えられる。一つは，

(10) ?A vase is on the table.

という文が，非文法的ではないにしても，かなり不自然に響くのは，文頭の話題 (topic) の位置は旧情報を担う定名詞句が占めるという情報構造上の一般的傾向に反して，新情報を担う不定名詞句がきているという唐突さによるものである，という事実がある。

もう一つ，より高い一般性が得られると思われる説明は，there 構文は，「談話の舞台への新しい事物の登場」を表すものであるから，ある事物が「<u>たまたまある</u>」(incidental occurrence) という意味合いをもつ場合は，この構文が優先されると規定することである。There's an hour before lunch. は，昼食までに「<u>たまたま</u>1時間ある」，There's a concert at ten o'clock. も，10時に「<u>たまたま</u>コンサートがある」と話し手は言いたいのである。

一方，上記の *An hour is before lunch. の NP is ... という形式の文は，次例のように，主に総称文 (generic sentence) に用いられるものであり，存在文ではない。

(11) *AN* [sic] **hour** is a long time in politics. (BNC)
  (政治では，1時間は長い時間だ)

NB 1 虚辞の there [ðə] と場所の指示詞 [ðeə] とを区別すること。[ðə] は，主語の位置にあるため，名詞句として機能する。たとえば，
① 一般疑問文・付加疑問文の主語になる。
  a. Is **there** any more coffee?
     (コーヒーはまだありますか)
  b. There's nothing wrong, is **there**?
     (何もまちがいはありませんね)
② 非定形動詞の主語になる。
  c. I don't want **there** to be any trouble.
     (面倒なことがあってほしくない)
  d. **There** being nothing else to do, we went home.
     (ほかにすることがなかったので，私たちは家に帰った)
  e. I was disappointed at **there** being so little to do.
     (することがほとんどないので，私は失望した)
③ 受動文の主語になる。
  f. **There** is believed to be a spy among us.
     (われわれの中にスパイがいると信じられている)

NB 2 次の文の in と to とはどう違うのか。
  a. There was certainly some truth **in/to** that.
     (それには，確かに一理あった)
訳文では明確に区別するのは困難だが，通例，to は偶有的 (accidental)，in は本質的 (intrinsic) という違いがある。
  b. Mass murder is an absolute crime and there are no degrees **to it**.
     (大量殺人は，絶対的な犯罪であって，それには程度などない)
  c. There is no truth **in it** whatsoever.
     (それにはまったく真実がない)

NB 3 まれに，「There + V + from + S」の形式で disappear が生起することがある。

  There *disappeared* from the academic community a noted scholar. (学界から一人の高名な学者が姿を消した)

(日比野氏提供)

16　混交による派生文

　最後に，歴史言語学の知見を生かして，二つの文の混交 (contamination, blending) によって生じたと説明するのが最も妥当であるような例をとりあげよう。

　以下の諸例は，二つの文が混交して——つまり，話し手の頭の中で二つの文が混ざり合って——生じたと説明できる。歴史言語学の用語では，「**共有構文**」（ギリシア語で apo koinou）と呼ばれるものである。たとえば，

　（1）　次に停まります駅は，浜田に停まります。

という山陰本線の車掌のアナウンスメントには，

　（2）　次に停まります駅は浜田です×次は浜田に停まります

という二つの文の混交が見られる。また，よく耳にする

　（3）　一万円からお預かりします。

というレジの女性の言葉には，

　（4）　一万円お預かりします×一万円からおつりをします

という二つの文の混交が見られる。

16.1. This is Harry speaking. のタイプ

Declerck (1981: 137, 152) は，標題のような文を，This is Harry (who is) speaking. から派生しているが，この派生には欠陥がある。なぜなら，固有名詞に限定節が付くことは原則的に許されないし，また，この文の意味は，「こちらは，ハリーが話しています」であって，「こちらは，話しているハリーです」ではないからである。これは，[ ] 内のような二つの文が混交したもの，すなわち，共有構文と見るのが妥当である。

(1) This is *Harry speaking*.
 (こちら，ハリーです) [電話口で]
 [<This is Harry. ×Harry is speaking.]

類例をあげるなら，

(2) 'It's *a friend calling me*,' I explained, and went out.
 (「友達が呼んでるんだよ」とぼくは説明して，出ていった)
(3) It's *Bartell D'Arcy singing*.
 (あれは，バーテル・ダーシーが歌ってるのよ)
(4) What's that smell? — It's the *porridge burning*.
 (あのにおいは何だ？——ポリッジが焦げているんです)
(5) It's *Pearl Grayston speaking*.
 (こちら，パール・グレーストンです) [電話口で]

この場合も，たとえば，It's the porridge burning. は，「それは焦げているポリッジです」という意味ではない。

16.2. It was I did it! のタイプ

次のような例は，主格の関係代名詞が省略されていると説明することも可能であるが，特に (2) などを見ると，It's you. × You're the fool. という共有構文として分析するほうが，文の勢いをうまく説明できるように思われる。

(1) It was *I did it*!
（おれがそれをやったのさ！）

(2) It's *you're the fool*.
（おまえさんこそばかなんだよ）[ここで，you're が you who are の省略だとは考えにくい]

(3) It was *me notified the sheriff*.
（おれがシェリフに知らせたんだよ）

(4) Poor Ruth, it was *those damned rubies did for her*.
（かわいそうなルース，彼女はあんなくそルビーのせいで死んじまったんだ）

(5) He's *the guy killed his boss*, ain't he?
（あいつは，ボスを殺した野郎じゃないか）

16.3. John sat there smoking a pipe. のタイプ

次のような文は，[ ] 内の二つの文の混交と説明される。

(1) John **sat there** *smoking a pipe*.
（ジョンは，パイプをふかしながら，そこに腰かけていた）
[＜John sat there. ×He was smoking a pipe.]

(2) Karen **sat at the table** *reading a newspaper*.

(カーレンは，テーブルにすわって新聞を読んでいた)
[<Karen sat at the table. ×She was reading a newspaper.]

(3) A dog **came running** towards me.

(犬が一匹，私のほうへ走ってきた)
[<A dog came towards me. ×It was running.]

16.4. John left the room angry. のタイプ

次の文は，[ ] 内の二つの文の混交である。

(1) John left the room **angry**.

(ジョンはぷりぷりして部屋から出ていった)
[<John left the room. ×He was angry.]

(2) I face my enemies **naked**.

(私は裸で敵に立ち向かうのだ)
[<I face my enemies. ×I am naked.]

上の angry, naked は，主語の状態を描写するもので，準主語補語である。最近の用語では，**主語指向の描写語** (subject-oriented depictive) である。

これに対して，次の二つの文はどうだろうか。

(3) I drink coffee **black**.

(私はコーヒーをブラックで飲む)
[<I drink coffee. ×Coffee is black.]

(4) Mary ate the meat **raw**.

(メアリーは肉を生で食べた)
[<Mary ate the meat. ×The meat was raw.]

これらの文の black, raw は準目的語補語である。あるいは、最近の用語を使えば、**目的語指向の描写語** (object-oriented depictive) である。両者をまとめて、「二次述語」(secondary predicate) と言うこともある。

この二つの構文について、Chomsky (1981: 111) は、次のような基底構造を考えていたが、これは、一種の「共有構文」としての分析にほかならない。

(5) a.　John$_i$ left the room [PRO$_i$ angry].
　　b.　John ate the meat$_i$ [PRO$_i$ raw].

PRO は音形をもたない代名詞（＝伝統文法の意味上の主語）。これら2種類の描写語は、文の必須の要素ではないので省略可能であり、文型には関与しない。

16.5. That's the only thing they do is fight. のタイプ

Freidin (1992: 20) は、次の例を容認可能ではあるが、生成文法に取り込もうとすると深刻な問題を引き起こすものとして挙げている。

(1)　That's the only thing they do **is** fight.
　　　（彼らがやってるのは、けんかをすることだけさ）

これは、Freidin も認めているとおり、次の二つの文法的な文の混交である。

(2)　[< That's the only thing they do. × The only thing

they do is fight.]

Google には,次の類例が見える。

(3) That's the only thing they do **is** play football.
（彼らがやっているのは,フットボールをすることだけさ）

That's all you have to do is ... の例は,特に多い（Google で約 236,000 のヒット数）。

(4) That's all you have to do **is** believe in yourself.
（あなたがしなければならないのは,ただひとつ,自分を信じることです）

(5) I mean that's all they have to do **is** sit down and start talking.
（つまり,彼らはただ,すわって話しはじめさえすればいい,ということだ）

16.6. I'm tired is all. のタイプ

That I'm tired is all. という文と異なり,標題のような,補文標識 that のない文を is all の主語とする文は,話し言葉によく見られる。これは,

(1) [<I'm tired. × That's all.]

の混交と見ることもできるし,I'm tired という部分が引用実詞 (quotation substantive) として,is all の主語になっている,と分析することもできる。したがって,そのことをシグナルするた

めに，is all の前に休止（pause）を置かなければならない。

(2) This whole show makes me sick *is all*.

(Hemingway, *Fiesta*)

(この事柄全体がむかつくだけのことさ)

(3) My hands are sore *is all*.

(Hemingway, *A Farewell to Arms*)

(手が痛いだけさ)

(4) Just give me two bucks, *is all*.

(Salinger, *The Catcher in the Rye*)

(2ドルくれって言ってるだけさ)

(5) Just don't do it too good, *is all*.　　　(Ibid.)

(ただ，あんまり上手に書いちゃだめってことさ)

Follett (1998[2]: 21) は，上のような is all を使った文は，口語体に限って使用するべきであるとして，次の用例を挙げている。

(6) He has his facts wrong *is all*.
(彼は事実をまちがえているだけさ)

(7) I forgot to wind my watch *is all*.
(時計のねじを巻くのを忘れただけさ)

主節の動詞は，常に3人称単数現在の is であるが，Follett の希望とは裏腹に，主語補語は all に限られているわけではない。

(8) but it doesn't last too long, *is what I mean*.

(Salinger, *The Catcher in the Rye*)

(でも，あんまり長続きしない，って言ってんだよ)

(9) He's damn tired at the moment *is my impression*.

(Murdoch, *A Fairly Honourable Defect*)

(彼は目下やけに疲れている、というのがぼくの印象だ)

(10) He must have been out of his mind *is what I think of it*. (Amis, *The Anti-Death League*)

(やつは気が狂っていたにちがいない、とぼくは思っているんだ)

上例中、is の前にコンマが置かれた文を見れば、主語が引用実詞であることが、いっそう強く感じられる（話し言葉では、コンマの有無にかかわらず、is の前に休止が置かれるはずである。コンマがない文には、目に見えないコンマがあると言ってもよい）。

NB 次のような文は、主格の関係代名詞の省略と説明されることが多いが、このままで**共有構文** (apo koinou construction) (p. 183) と見るほうが自然であろう。

① a. There was a king ϕ met a king.
(王さまが王さまと出会いました)
b. There was an old woman ϕ lived under a hill.
(お婆さんが1人、丘のふもとに住んでいました)

(以上 *Nursery Rhyme*)

② Here's a lady ϕ wants to see you.
(ご婦人がお会いしたいとおっしゃっています)

引用文献

A. 辞書

BBI[2] = *The BBI Dictionary of English Word Combination*, 1997[2].

COBUILD[3] = *Collins COBUILD Advanced Learner's English Dictionary*, 2003[3].

LDCE[4] = *Longman Dictionary of Contemporary English*, 2003[4].

MED[1,2] = *Macmillan English Dictionary for Advanced Learners*, 2002[1], 2007[2].

OALD[7] = *Oxford Advanced Learner's Dictionary of Current English*, 2005[7].

OED[1,2] = *The Oxford English Dictionary*, 1933[1], 1989[2].

B. 著書・論文

Akmajian, A. (1977) "The Complement Structure of Perception Verbs in Autonomous Syntax Framework," *Formal Syntax*, ed. by P. W. Culicover, T. Wasow and A. Akmajian, 427–460, Academic Press, New York.

安藤貞雄 (2005) 『現代英文法講義』開拓社, 東京.

安藤貞雄 (編) (2011) 『三省堂英語イディオム・句動詞大辞典』三省堂, 東京.

Biber, D., S. Johansson, G. Leech, S. Conrad and E. Finegan (1999) *Longman Grammar of Spoken and Written English*, Longman, London.

Bolinger, D. (1997) *Meaning and Form*, Longman, London.

Borkin, A. (1973) "*To Be* and not *To Be*," *CLS* 9, 44–56.

Celce-Murcia, M. and D. Larsen-Freeman (1999[2]) *The Grammar Book*, Heinle & Heinle, New York.

Chomsky, N. (1981[3]) *Lectures on Government and Binding*, Foris, Dordrecht.

Curme, G. O. (1931) *Syntax*, rpt. Maruzen, Tokyo.

Declerck, R. (1981) "Pseudo-modifiers," *Lingua* 54, 83-114.

Dixon, R. M. W. (1991) *A New Approach to English Grammar, on Semantic Principles*, Clarendon Press, Oxford.

Elmer, W. (1981) *Diachronic Grammar*, Max Niemeyer, Tübingen.

Follett, W. (1998²) *Modern American Usage*, Hill & Wang, New York.

Freidin, R. (1992) *Foundations of Generative Syntax*, MIT Press, Cambridge, MA.

Gee, J. P. (1977) "Comments on the Paper by Akamajian," *Formal Syntax*, ed. by P. W. Culicover, T. Wasow and A. Akmajian, 461-481, Academic Press, New York.

日比野日出雄 (2009)『21世紀の語法を求めて』エスト出版, 京都.

Hornby, A. S. (1975) *A Guide to Patterns and Usage in English*, Oxford University Press, London.

細江逸記 (1942)『精説英文法汎論』泰文堂, 東京.

細江逸記 (1957)『英文法汎論』(改訂版) 泰文堂, 東京.

Huddleston, R. and G. Pullum (2002) *The Cambridge Grammar of the English Language*, Cambridge University Press, Cambridge.

Jackendoff, R. S. (1990) *Semantic Structures*, MIT Press, Cambridge, MA.

Jespersen, O. (1924) *The Philosophy of Grammar*, Allen and Unwin, London. [安藤貞雄 (訳)『文法の原理』(上, 中, 下) 岩波書店, 東京]

Jespersen, O. (1937) *Analytic Syntax*, Allen and Unwin, London.

Jespersen, O. (1909-49) *A Modern English Grammar*, Allen and Unwin, London. [MEG]

Lakoff, G. (1970) *Irregularity in Syntax*, Doctoral dissertation, MIT.

Lakoff, G. (1987) *Women, Fire and Dangerous Things*, University of Chicago Press, Chicago.

Lakoff, G. and M. Johnson (1980) *Metaphors We Live By*, University of Chicago Press, Chicago.

Lasnik, H. and R. Fiengo (1974) "Complement Object Deletion," *Linguistic Inquiry* 5, 535–571.

Miller, G. A. (1956) "The Magical Number Seven, Plus or Minus Two," *The Psychological Review* 63, 81–97.

Onions, C. T. (1904) *Advanced English Syntax*, Kegal Paul, London.［安藤貞雄（訳）『高等英文法──統語論』文建書房，東京］

Palmer, F. R. (1988²) *The English Verb*, Longman, London.

Palmer, H. E. (1938) *A Grammar of English Words*, Longman, London.

Postal, P. (1974) *On Raising*, MIT Press, Cambridge, MA.

Quirk, R., S. Greenbaum, G. Leech and J. Svartvik (1972) *A Grammar of Contemporary English*, Longman, London.

Quirk, R., S. Greenbaum, G. Leech and J. Svartvik (1985) *A Comprehensive Grammar of the English Language*, Longman, London.

Stowell, T. (1978) "What Was There Before There Was There?" *CLS* 14, 458–471.

Swan, M. (1995², 2005³) *Practical English Usage*, Oxford University Press, London.

Tesnière, L. (1966²) *Éléments de syntaxe structurale*, Klincksieck, Paris.

van der Gaaf (1904) *The Transition from Impersonal to the Personal Construction in Middle English*, Carl Winter, Heidelberg.

Wood, F. T. (1962) *Current English Usage*, Macmillan, London.

索　引

1. 見出し語は ABC 順（ただし，下位見出しは出現順が原則）。
2. 数字はページ数を表す。
3. 〜は見出し語を代用する。
4. n は脚注を表す。例：150n = 150 ページ脚注。

[A]

愛用文型 (favorite sentence type)　42
answer for it that　65
anxious that　37
apo koinou 構文　183
appeal to the children to make less noise　66
appear a nice girl　33
appear (to be) hungry　33
arrange for a taxi to meet you　66
avail oneself of　46

[B]

場所目的語 (locative object)　43
be 型動詞　30-2
　特徴づけ (characterization)　30
　分類 (classfication)　30
　同定 (identification)　30
　指定 (specification)　30
be = exist　20
be = take place　24
be, the powers that　20
become 型動詞　34-5
beyond me　31
blow its hardest　53
blow open　35
breathe his last　53
部分的解釈 (partitive interpretation)　162
文型 (sentence type)
　5〜　3, 9-10
　7〜　10-12
　8〜　12-14
　SV 型　17-20
　　節形式の主語　19-20
　SVA 型　21-25
　SVC 型　29-35
　　C が前置詞句の場合　31
　SVCA 型　36-40

A が that 節の場合　37-8
SVO 型　41-67
SVOO 型　68-77
　give 型動詞と buy 型動詞　68-72
　節形式の直接目的語　72-3
　その他の SVOO 型　74-5
　Mary gave John a kiss のタイプ　75-7
　They dismissed him the society のタイプ　77-8
SVOA 型　79-89
　3 項動詞　79
　give 型動詞と buy 型動詞　80-3
　移動動詞　83-4
　告知動詞　84-6
　種々の前置詞句の例　86-7
　重い目的語の後置　87-9
　A が目的を表す to 不定詞の場合　89
いわゆる SVOC 型　91-145
　Make yourself comfortable のタイプ　90-1
　We regard him as a crank のタイプ　92-3
　want タイプ　99-103
　to be の省略　101-2
　思考動詞　104-7
　知覚動詞　107-5
　使役動詞　116-25
　made him go のタイプ　116-7
　make the dog (be) quiet のタイプ　117-9
　get the fire under control のタイプ　120
　have a taxi waiting のタイプ　120-2
　have my shoes shined のタイプ　122-4
　任命・命名動詞　126-9
　appoint him to be/as chairman のタイプ　127-9
　宣言動詞　129-30
　"手段"動詞　130-34
　　使役・移動構文　131
　　結果構文　131-34
　force タイプ　134-40
　I advised her to see a doctor のタイプ　140-5
　「O + that 節」　142-5
文末重心 (end-weight)　19, 87, 93
分裂文 (cleft sentence)　25
分離主語 (split subject)　109, 168n
描写語 (depictive)　187
　目的語指向の〜　187
　主語指向の〜　187

[C]

着点 (goal)　70, 81
近いほうが力が強い　161

知的意味 (cognitive meaning)　32, 166, 168
中間動詞 (middle verb)　44
中間態動詞 (middle verb)　26
come true　34
come unhinged　34
混交 (contamination)　183
convince me that　145
cost us a million dollars　75

[D]

代換 (hypallage)　161
出来事名詞 (event noun)　24-5
die young/a bachelor　32
同一指示的 (coreferential)　45, 73
動作動詞 (actional veb)　41
動詞第2位現象 (V-2 phenomenon)　22
動詞不変化詞結合　54-62
　call on タイプと *call up* タイプ　55-6
　再分析　56-7
　take off his coat と *take his coat off* の違い　57-8
　不変化詞の2用法　58-9
　make an example of のタイプ　59-60
　～の受動化　60-2
動詞型 (verb pattern)　3
　OALD⁷ の～　4-8
同定文　32

Down came the prices　19

[F]

feel soft and smooth　34
for-phrase, M としての　82-3
付加部 (adjunct)　27
複合動詞 (complex verb)　177

[G]

外延 (extension)　32, 151
外置 (extraposition)　19, 87, 111, 151
外見動詞 (verbs of appearance)　33
含意動詞 (implicative verb)　48-9
geben gute Pferde　43
get him angry と *get him to be angry* の違い　119
擬似分裂文 (pseudo-cleft sentence)　23, 25, 38
擬似自動詞 (pseudo-intransitive)　20
擬似項 (quasi-argument)　20
give John a kiss　75
go bad　35
go hungry　31
五感動詞　34
grow thin　35
guarantee you a job　74

[H]

派生文型 151-190
  tough 構文 151-60
    He's easy to please のタイプ 151-7
    violin-sonata paradox 154-6
    This problem is too difficult to solve/*solve it 157-60
    This tea is too hot to drink/*drink it 157
  代換変形による構文 161-3
    供給動詞 161-2
    所格交代構文 162-3
  名詞句移動による構文 164-70
    受動化 164-6
    繰り上げ構文 166-70
  there 構文 171-82
    従来の研究 171-4
    派生 174-8
    定名詞句の主語 178-9
    提示文と叙述文 179-82
    there の主語性 182
    There disappeared 182
  混交による派生文 183-90
    This is Harry speaking のタイプ 182
    It was I did it! のタイプ 185
    John sat there smoking a pipe のタイプ 185-6
    John left the room angry のタイプ 186-7
    That's the only thing they do is fight のタイプ 187-8
    I'm tired is all のタイプ 188-90
hear say/tell 126
非能格動詞 (unergative verb) 176
非対格動詞 (unaccusative verb) 165, 175, 176
非人称動詞 (impersonal verb) 167
補部 (complement) 27, 40, 45
  〜と付加部の違い 27
補文標識 (complementizer) 98, 159, 160
補語 (complement, C) 29
  主語〜 (subject complement) 29
  準主語〜 32, 186
hope for John to come 66

[I]

意味上の主語 (sense subject) 135, 138, 141, 142
引用実詞 (quotation substantive) 188, 190

[J]

事実指向的 (fact-oriented) 46,

49, 51
叙述 (predication)　93
受動者 (patient)　26, 61, 165
順行照応的 (cataphoric)　179
受領者 (recipient)　70, 81
叙述文 (predicational sentence)　25, 173, 178
状態動詞 (stative verb)　41
受動者間接目的語 (affected indirect object)　77
順行照応的 (cataphoric)　179

[K]

拡大投射原理 (extended projection principle, EPP)　165, 167, 169, 175
格フィルター (case filter)　165
関係動詞 (relation verb)　24
keep track of　62
keep you company　75
形容詞
　1 項〜　12
　2 項〜　12
結果構文 (resultative construction)　59, 131
機能 (function)　3
　〜型の文型　9–14
起点 (source)　74
降昇調 (fall-rise)　80
句動詞 (phrasal verb) = 動詞不変化結合
旧情報 (old information)　11n, 21, 25, 27, 39, 57
誇張表現的句動詞　59
項 (argument)　13, 17
　1 〜形容詞　12
　2 〜形容詞　12
　1 〜動詞　13, 17
　2 〜動詞　13, 41
　3 〜動詞　13, 14, 68, 79
　〜構造 (argument structure)　13, 17
構造 (structure)　3, 4, 79
　〜型の文型　4–8
繰り上げ構文　167
虚辞 (expletive)　98, 112, 166, 169, 175
供給動詞　161-2
共有構文 (apo koinou)　183

[L]

leave A *for* B と *leave* A *to* B との違い　83
let go　126
let live　126
let slip the opportunity のタイプ　125
longing for the holidays to begin　66
look as if it's going to rain　33
look her age　33
look like rain　33
look (to be) in poor health　33

[M]

魔法の数字 (magical number) 4, 12
命題 (proposition) 62
make a fool of 62
make a good wife for him 43
make an example of のタイプ 59–60
make believe 126
make him a good wife 43
make it rain 125
make fun of 61
make sense of 61
make yourself comfortable のタイプ 90–1
メタファー的拡張 (metaphorical extension) 132
未来指向的 (future-oriented) 48, 49, 51
目的語 41
　場所〜 (locative object) 43
　結果の〜 (effectum object/object of result) 42
　再帰〜 (reflexive object)
　同族〜 50–4
　〜の定義 45
　動名詞が〜 46–7
　不定詞が〜 47–9
　　未来指向性 48
　　含意動詞 48
　動名詞と不定詞の双方が〜 49–52
　節形式の〜 62–3
　前置詞付き動詞の〜節 64–7
　二重直接〜 78
　〜指向の描写語 187

[N]

内観 (introspection) 43
眠りを眠る 54
二重直接目的語 78
二次述語 (secondary predicate) 32, 187
二重判断 173
二重 ing 制約 52
二重目的語構文 80
2 項形容詞 36
認知言語学 161
能動受動動詞 (activo-passive verb) 26

[O]

Off went the electricity 19
Out went the light 19

[P]

part good friends 32
plead with her husbsnd to give up the plan 67
Pluit 20
Piove 20
prerfer for you to come early

66
プロファイル (profile)　161, 162
プロトタイプ的使役動詞 (prototypical causative verb)　133

[R]

recommend you a wife　74
連結動詞 (linking verb)　6, 29
ring true/hollow　31
リスト文 (list sentence)　179
類推 (analogy)　74
run dry　35

[S]

再分析 (reanalysis)　56-7
最後の手段 (the last resort)　164
再帰動詞 (reflexive verb)　45
see (to it) that　65
静止動詞 (verbs of rest)　22
潜在目的語 (implicit object)　152, 154, 160
瞬時相　111
節形式の主語　19
主語指向の描写語　186
主格 (nominative case)　165
修飾語 (modifier)　17, 27
出現動詞　176-7
指示物 (referent)　20, 58, 98
新情報 (new information)　22, 25, 57, 58

〜の焦点　22, 72
所格交代 (locative alternation)　162
遡及的不定詞 (retroactive infinitive)　154, 157
総称文 (generic sentence)　26, 181
sorry to trouble you と *sorry for troubling you* との違い　51
strike/impress me as odd　93
swear (to it) that　65
swim the river　44

[T]

多動性 (transitivity)　42, 44, 57, 117
単純判断　173
定性効果 (definiteness effect)　178
天候動詞 (weather verb)　19, 112
there 構文　171-182
　disappear の例　182
θ 役割　175
提示文 (presentational sentence)　173, 179
倒置 (inversion)　19, 22
等位接続 (conjoin)　33
tough 構文　151-7
等式文 (equational sentence)　32
turn out well　35

[U]

Up went the sales 19

[W]

話題化 (topicalization) 165
wait for the bus to come 66
walk the streets 44
笑いを笑う 54
wear thin 35
weep silent tears 53
weigh heavily 27
weigh 160 pounds 27

[Y]

与格構文 (dative construction) 80
有標の (marked) 54

[Z]

全体的解釈 (holistic interpretation) 163
ゼロ項 20

安藤　貞雄　（あんどう　さだお）

広島大学名誉教授・文学博士（名古屋大学）。1973年ロンドン大学留学。1976年市河賞，2006年英語語法文法学会賞，2008年瑞宝中綬章。Who's Who in the World (1993-)，Men of Achievement (1995-) に記録。

主な編著書: *A Descriptive Syntax of Christopher Marlowe's Language* (University of Tokyo Press)，『英語教師の文法研究』（正・続）（大修館書店），『生成文法用語辞典』（共著，大修館書店），『英語学の歴史』（共著，英潮社），『新クラウン英語熟語辞典』（第3版）（共編，三省堂），『新英和大辞典』（第5, 6版）（共編，研究社），『言語学・英語学小辞典』（共編，北星堂書店），『現代英米語用法事典』（共編，研究社），『英語学の視点』（開拓社），『英語学入門』（共著，開拓社），『英語史入門』（開拓社），『現代英文法講義』（開拓社）ほか。

主な訳書: マッカーシー『語学教師のための談話分析』（共訳，大修館書店），『ラッセル教育論』，『ラッセル幸福論』，サピア『言語——ことばの研究序説』，イェスペルセン『文法の原理』（上，中，下），プリーストリー『夜の来訪者』，ガーネット『狐になった奥様』，チャールズ・ラム，メアリー・ラム『シェイクスピア物語』（上，下）（以上，岩波文庫）ほか。

英語の文型
―― 文型がわかれば，英語がわかる ――　　〈開拓社 言語・文化選書5〉

2008年3月11日　第1版第1刷発行
2022年8月30日　　　　　第5刷発行

著作者　安藤　貞雄
発行者　武村　哲司
印刷所　日之出印刷株式会社

発行所　株式会社　開拓社
〒112-0013 東京都文京区音羽1-22-16
電話　（03）5395-7101（代表）
振替　00160-8-39587
http://www.kaitakusha.co.jp

© 2008 Sadao Ando　　　　　　　　　ISBN978-4-7589-2505-1　C1382

JCOPY ＜出版者著作権管理機構　委託出版物＞

本書の無断複製は著作権法上での例外を除き禁じられています。複製される場合は，そのつど事前に，出版者著作権管理機構（電話03-5244-5088, FAX 03-5244-5089, e-mail: info@jcopy.or.jp）の許諾を受けてください。